LES

AUTEURS LATINS

EXPLIQUÉS D'APRÈS UNE MÉTHODE NOUVELLE

PAR DEUX TRADUCTIONS FRANÇAISES

Ce livre a été expliqué littéralement par M. Sommer, agrégé de classes supérieures, docteur ès lettres, traduit en français et annot par M. Aug. Desporte

48280. — Imprimerie LAHURE, rue de Fleurus, 9, à Paris.

LES
AUTEURS LATINS

EXPLIQUÉS D'APRÈS UNE MÉTHODE NOUVELLE

PAR DEUX TRADUCTIONS FRANÇAISES

L'UNE LITTÉRALE ET JUXTALINÉAIRE PRÉSENTANT LE MOT A MOT FRANÇAIS
EN REGARD DES MOTS LATINS CORRESPONDANTS
L'AUTRE CORRECTE ET PRÉCÉDÉE DU TEXTE LATIN

avec des arguments et des notes

PAR UNE SOCIÉTÉ DE PROFESSEURS

ET DE LATINISTES

VIRGILE

DEUXIÈME LIVRE DE L'ÉNÉIDE

PARIS

LIBRAIRIE HACHETTE ET Cie

79, BOULEVARD SAINT-GERMAIN, 79

—

1902

AVIS

RELATIF A LA TRADUCTION JUXTALINÉAIRE

On a réuni par des traits les mots français qui traduisent un seul mot latin.

On a imprimé en *italique* les mots qu'il était nécessaire d'ajouter pour rendre intelligible la traduction littérale, et qui n'ont pas leur équivalent dans le latin.

Enfin, les mots placés entre parenthèses, dans le français, doivent être considérés comme une seconde explication, plus intelligible que la version littérale.

ARGUMENT ANALYTIQUE.

Énée fait à Didon le récit de la prise et du sac de Troie. Les Grecs, après dix ans de combats inutiles, ont recours à la ruse. Ils feignent d'abandonner le siége et de retourner dans leur pays; mais ils se retirent seulement derrière Ténédos, en laissant dans le camp un cheval de bois d'une grandeur monstrueuse et plein de soldats armés, vers 1-40. — Les Troyens, sans défiance, viennent en foule et admirent la construction colossale. Laocoon s'efforce en vain de la leur rendre suspecte, 41-56. — Stratagème de Sinon, 57-199. — Laocoon et ses fils étouffés par deux serpents, 200-226. — Les Troyens placent le cheval dans la citadelle, 227-248. — La nuit venue, Sinon ouvre les flancs du cheval; les Grecs en sortent et envahissent la ville, 249-266. — Énée voit en songe Hector qui l'avertit de se préparer à la fuite et d'emporter les dieux de la patrie, 267-296. — Panthée, prêtre d'Apollon, instruit Énée des événements qui viennent de se passer dans la ville. Le héros, suivi de quelques guerriers troyens, se précipite au milieu des combats. A la faveur d'un déguisement ils obtiennent d'abord quelques avantages; mais bientôt ce déguisement devient funeste à la troupe, 297-436. — Le palais de Priam est assiégé. Mort de Priam, tué par Pyrrhus, 437-558. — Vénus se montre à Énée au moment où il allait immoler Hélène aux mânes de ses concitoyens; elle le détourne de ce crime inutile et l'engage à s'occuper du salut de son père, de sa femme et de son fils, en les emmenant hors de Troie, 559-630. — Anchise refuse de partir. Un prodige le décide enfin. Énée sort de la ville portant Anchise sur ses épaules, et suivi d'Ascagne et de Créuse, 631-728. — Poursuivi par les Grecs dans sa fuite, Énée perd de vue Créuse; désespéré, il revient sur ses pas, rentre dans la ville et la cherche partout inutilement. L'ombre de Créuse lui paraît et lui annonce qu'elle n'est plus, 729-788. — Énée va rejoindre ses compagnons, dont le nombre s'est grossi en son absence et il gagne avec eux les montagnes, 789-804.

ÆNEIS

LIBER II

Conticuere omnes, intentique ora tenebant [1];
Iнde toro pater Æneas sic orsus ab alto :
« Infandum, regina, jubes renovare dolorem;
Trojanas ut opes et lamentabile regnum
Eruerint Danai; quæque ipse miserrima vidi,   5
Et quorum pars magna fui! Quis talia fando
Myrmidonum, Dolopumve [2], aut duri miles Ulyssei
Temperet a lacrymis? Et jam nox humida cœlo
Præcipitat. suadentque cadentia sidera somnos.
Sed si tantus amor casus cognoscere nostros,   10
Et breviter Trojæ supremum audire laborem,
Quanquam animus meminisse horret, luctuque refugit,
Incipiam. Fracti bello, fatisque repulsi,
Ductores Danaum, tot jam labentibus annis,
Instar montis equum. divina Palladis arte,   15

Tous se taisent, et tiennent leurs regards attentivement fixés sur
Énée. Alors le héros, du lit élevé où il est assis, commence en ces
termes :

« Vous m'ordonnez, ô reine, de rappeler le souvenir d'inexpri-
mables douleurs; vous voulez que je vous dise comment les Grecs
ont abattu la puissance troyenne et renversé ce déplorable empire :
affreux malheurs que j'ai vus de mes yeux et que j'ai moi-même par-
tagés! Quel homme, à ce récit, fût-ce un Dolope, un Myrmidon ou
un soldat du cruel Ulysse, pourrait retenir ses larmes? Déjà la
nuit humide abandonne les cieux, et les astres, sur leur déclin, nous
invitent au sommeil; cependant si vous avez un si grand désir de
connaître nos malheurs et d'entendre le court récit des derniers
moments d'Ilion, quoique mon âme frémisse au souvenir de tant de
maux et recule devant ces tristes images, j'obéirai.

Épuisés par la guerre et toujours repoussés par les destins, les
chefs des Grecs, après tant d'années d'efforts inutiles, construisent
enfin, aidés par le secours divin de Pallas, un cheval haut comme

ÉNÉIDE

LIVRE II

Omnes conticuere,
intentique
tenebant ora;
inde pater Æneas
orsus sic a toro alto :
« Jubes, regina,
renovare
dolorem infandum ;
ut Danai
eruerint opes Trojanas
et regnum lamentabile;
miserrima
quæque vidi ipse,
et quorum fui magna pars !
Fando talia,
quis miles Myrmidonum,
Dolopumve,
aut duri Ulyssei,
temperet a lacrymis?
Et jam nox humida
præcipitat cœlo,
uideraque cadentia
suadent somnos.
Sed si tantus amor
cognoscere nostros casus,
et audire breviter
supremum laborem Trojæ,
quanquam animus
horret meminisse,
refugitque luctu,
incipiam.
Fracti bello,
repulsique fatis,
ductores Danaum,
tot annis jam labentibus,
ædificant equum
instar montis,

Tous se turent,
et tendus-vers *Énée*
ils tenaient *leurs* visages *tournés vers* ui,
de là (alors) le père (le héros) Énée
commença ainsi de *son* lit élevé :
« Tu m'ordonnes, ô reine,
de renouveler
une douleur inexprimable;
de dire comment les fils-de-Danaüs
ont renversé la puissance de-Troie
et *ce* royaume déplorable,
événements très-malheureux
et que j'ai vus moi-même,
et dont j'ai été une grande part.
En entendant-dire de telles choses,
quel soldat des Myrmidons,
ou des Dolopes,
ou du cruel Ulysse,
pourrait-s'abstenir de larmes?
Et déjà la nuit humide
se précipite (descend) du ciel,
et les astres qui tombent (qui se couchent)
conseillent le sommeil.
Mais si un si grand désir *est à toi*
de connaître nos malheurs,
et d'entendre en-peu-de-mots
le dernier travail (désastre) de Troie,
bien que *mon* esprit
ait-horreur de s'en souvenir,
et s'y refuse par affliction,
je commencerai.
Brisés par la guerre,
et repoussés par les destins,
les chefs des Grecs,
tant d'années déjà s'écoulant,
construisent un cheval
comme une montagne,

Ædificant, sectaque intexunt abiete costas :
Votum pro reditu simulant : ea fama vagatur.
Huc delecta virum sortiti corpora furtim
Includunt [1] cæco lateri, penitusque cavernas
Ingentes uterumque armato milite complent.   20
    Est in conspectu Tenedos [2], notissima fama
Insula, dives opum, Priami dum regna manebant,
Nunc tantum sinus, et statio malefida carinis.
Huc se provecti deserto in littore condunt.
Nos abiisse rati, et vento petiisse Mycenas.   25
Ergo omnis longo solvit se Teucria luctu :
Panduntur portæ ; juvat ire, et Dorica castra,
Desertosque videre locos, littusque relictum.
Hic Dolopum manus, hic sævus tendebat Achilles ,
Classibus hic locus , hic acie certare solebant.   30
Pars stupet innuptæ donum exitiale Minervæ,
Et molem mirantur equi ; primusque Thymœtes

une montagne. Ils en revêtent les flancs d'ais de sapin étroitement
unis. Ils feignent que c'est un vœu pour obtenir un heureux retour.
Ce bruit se répand et s'accrédite. Cependant ils renferment secrètement
dans les flancs ténébreux du colosse une élite de guerriers que le sort
désigne : bientôt le ventre énorme, les cavités profondes de la gigan-
tesque machine sont entièrement remplis de soldats armés.
    En face de Troie est Ténédos , île fameuse, île opulente tant que
subsista l'empire de Priam , mais qui n'est aujourd'hui qu'une rade,
abri peu sûr pour les vaisseaux. Les Grecs gagnent cette île et se
cachent sur la côte inhabitée. Nous croyons , nous, qu'ils sont partis et que les vents les poussent vers Mycènes. Après un si long deuil,
la Troade entière renaît à la joie. On ouvre les portes, on s'empresse
de sortir ; on aime à visiter le camp des Grecs, ces plaines, ces
rivages qu'ils ont abandonnés. Ici campaient les Dolopes ; là se
dressaient les tentes du cruel Achille ; ici était la flotte, là combat-
taient les armées. Plusieurs contemplent ébahis ce présent fait à la
chaste Minerve, présent qui devait nous être si funeste ! Ils admirent
la masse prodigieuse du cheval. Thymète le premier, soit trahison,
soit que le destin de Troie l'ordonnât ainsi , nous conseille de l'in-

arte divina Palladis, | par l'art divin de Pallas,
intexuntque costas | et tissent (forment) *ses* flancs
abiete secta : | de sapin coupé :
simulant votum | ils feignent *d'accomplir* un vœu
pro reditu : | pour *leur* retour :
ea fama vagatur. | ce bruit se répand.
Sortiti | Ayant tiré-au-sort
includunt huc furtim | ils enferment là à la dérobée
lateri cæco | dans le flanc obscur *du cheval*
corpora delecta virum, | des corps choisis de guerriers,
complentque penitus | et ils remplissent jusqu'au-fond
milite armato | d'un soldat armé (de soldats armés)
ingentes cavernas | les vastes cavités
uterumque. | et le ventre.

In conspectu est Tenedos, | En vue *de Troie* est Ténédos,
insula notissima fama, | île très-connue par la renommée,
dives opum, | riche en ressources,
dum regna Priami | tant que le royaume de Priam
manebant; | subsistait;
nunc sinus tantum, | maintenant *c'est* un golfe seulement.
et statio malefida | et une station peu-sûre
carinis. | aux carènes (aux vaisseaux).
Provecti huc | Transportés là
se condunt | ils se cachent
in littore deserto. | sur le rivage désert.
Nos rati | Nous, *nous sommes* persuadés
abiisse, | *eux* être partis,
et petiisse Mycenas vento. | et avoir gagné Mycènes à l'aide du vent.
Ergo omnis Teucria | En conséquence toute la Troade
se solvit longo luctu : | se délie (se délivre) d'un long deuil :
portæ panduntur; | les portes s'ouvrent;
juvat ire, | il plaît d'aller,
et videre castra Dorica, | et de voir le camp Dorien,
locosque desertos, | et les lieux déserts,
littusque relictum. | et le rivage abandonné.
Hic manus Dolopum, | Ici la troupe des Dolopes,
hic sævus Achilles | là le cruel Achille
tendebat; | dressait-ses-tentes;
hic locus classibus; | ici *était* le lieu *réservé* aux flottes;
hic solebant | là on avait coutume
certare acie. | de combattre en-bataille-rangée.
Pars stupet | Une partie regarde-avec-stupeur
donum exitiale | le présent pernicieux
Minervæ innuptæ, | de Minerve (offert à Minerve) la vierge
et mirantur molem equi; | et ils admirent la masse du cheval :
Thymœtesque primus | et Thymétès le premier
hortatur | exhorte

Duci intra muros hortatur, et arce locari.

Sive dolo, seu jam Trojæ sic fata ferebant.

At Capys, et quorum melior sententia menti   35

Aut pelago Danaum insidias suspectaque dona

Præcipitare jubent, subjectisve urere flammis,

Aut terebrare cavas uteri et tentare latebras.

Scinditur incertum studia in contraria vulgus.

Primus ibi ante omnes, magna comitante caterva,   40

Laocoon ardens summa decurrit ab arce,

Et procul : « O miseri, quæ tanta insania, cives?

Creditis avectos hostes? aut ulla putatis

Dona carere dolis Danaum? sic notus Ulysses?

Aut hoc inclusi ligno occultantur Achivi,   45

Aut hæc in nostros fabricata est machina muros,

Inspectura domos, venturaque desuper urbi,

Aut aliquis latet error : equo ne credite, Teucri.

Quidquid id est, timeo Danaos et dona ferentes. »

Sic fatus, validis ingentem viribus hastam   50

troduire dans nos murs et de le placer dans la citadelle. Mais Capys et les plus sages veulent qu'à l'instant on précipite dans la mer cette offrande insidieuse, ce don suspect de la Grèce, qu'on le livre aux flammes, ou que du moins on en perce les flancs et qu'on en sonde les profondes cavités. La multitude incertaine se partage en sentiments contraires.

Soudain, suivi d'une foule nombreuse, Laocoon, enflammé de colère, accourt des hauteurs de la citadelle, et de loin : « Malheureux citoyens, s'écrie-t-il, quelle est votre démence? croyez-vous au départ de vos ennemis? croyez-vous exempt de piége un don de la Grèce? est-ce là connaître Ulysse? Ou ce bois perfide renferme leurs soldats, ou cette machine impie fut fabriquée pour abattre nos murailles, pour explorer nos demeures et dominer Ilion; ou bien elle recèle quelque autre embûche. Troyens, défiez-vous de ce cheval Quoi que ce puisse être, je crains les Grecs, même dans leurs présents. » Il dit, et d'un bras vigoureux il lance sur le flanc arrondi

duci intra muros
et locari arce,
sive dolo,
seu fata Trojæ
ferebant jam sic.
At Capys,
et menti quorum
sententia melior,
jubent
aut præcipitare pelago
insidias Danaum
donaque suspecta,
urereve
flammis subjectis,
aut terebrare et tentare
latebras cavas uteri.
Vulgus incertum
scinditur
in studia contraria.

Ibi primus ante omnes,
magna caterva comitante
Laocoon ardens
decurrit a summa arce,
et procul :
« O miseri cives,
quæ insania tanta?
Creditis hostes avectos?
aut putatis
ulla dona Danaum
carere dolis?
sic Ulysses notus?
Aut Achivi occultantur
inclusi hoc ligno ;
aut hæc machina
fabricata est
in nostros muros,
inspectura domos,
venturaque desuper urbi,
aut aliquis error latet :
Teucri, ne credite equo.
Quidquid id est,
timeo Danaos,
et ferentes dona. »
Fatus sic,
viribus validis
contorsit ingentem hastam
in latus

le cheval être conduit en dedans des murs
et être placé dans la citadelle,
soit par fourberie,
soit que les destinées de Troie
le portassent (le voulussent) déjà ainsi.
Mais Capys,
et ceux à l'esprit desquels
était un jugement meilleur
conseillent
ou de précipiter à la mer
les embûches des Grecs
et leurs présents suspects,
ou de les brûler
les flammes étant mises-dessous,
ou de percer et de sonder
les cachettes creuses du ventre du cheval.
La foule incertaine
se partage
en sentiments opposés.

Là (alors) le premier avant tous,
une grande troupe l'accompagnant,
Laocoon enflammé
accourt du sommet de la citadelle,
et de loin s'écrie :
« O malheureux citoyens,
quelle démence si grande est la vôtre ?
Croyez-vous les ennemis partis ?
ou pensez-vous
aucuns dons des Grecs
être exempts de ruses (d'embûches)?
est-ce ainsi qu'Ulysse est connu de vous ?
Ou dès Achéens sont cachés
enfermés dans ce bois;
ou cette machine
a été fabriquée
contre nos murs,
devant avoir-vue-sur nos maisons,
et devant venir par-dessus à la ville;
ou quelque tromperie est cachée :
fils-de-Teucer, ne vous fiez pas à ce cheval
Quelque chose que cela soit,
je crains les Grecs,
même apportant des présents. »
Ayant parlé ainsi,
avec des forces puissantes
il lança un grand javelot
contre le flanc

In latus inque feri curvam compagibus alvum
Contorsit: stetit illa tremens, uteroque recusso,
Insonuere cavæ gemitumque dedere cavernæ.
Et, si fata Deum, si mens non læva fuisset,
Impulerat ferro Argolicas fœdare latebras ;   55
Trojaque nunc stares, Priamique arx alta maneres !
  Ecce manus juvenem interea post terga revinctum
Pastores magno ad regem clamore trahebant [1]
Dardanidæ. qui se ignotum venientibus ultro,
Hoc ipsum ut strueret, Trojamque aperiret Achivis,   60
Obtulerat; fidens anim:, atque in utrumque paratus,
Seu versare dolos, seu certæ occumbere morti.
Undique visendi studio Trojana juventus
Circumfusa ruit, certantque illudere capto
  Accipe nunc Danaum insidias, et crimine ab uno   65
Disce omnes.
Namque ut conspectu in medio turbatus, inermis
Constitit, atque oculis Phrygia agmina circumspexit.

---

du monstre une énorme javeline. Le trait s'y fixe en tremblant; la
masse en est ébranlée, et de ses profondes cavités sort un long gémissement. Ah! si les dieux ne nous avaient pas été contraires, si
nos esprits n'avaient pas été égarés, nous suivions cet exemple; le
fer à la main, nous brisions ce ténébreux repaire des Grecs; et main
tenant, ô Troie, tu serais encore debout! palais superbe de Priam,
nous te verrions encore!
  Mais voici qu'au même instant des bergers phrygiens amènent au
roi, avec de grands cris, les mains liées derrière le dos, un jeune
homme, un inconnu qui de lui-même s'était offert à leur rencontre,
pour mieux couvrir sa ruse et ouvrir aux Grecs les portes d'Ilion :
plein d'audace et prêt à tout, soit à poursuivre jusqu'au bout son
stratagème, soit à mourir s'il le fallait. Attirée par la curiosité, la
jeunesse troyenne accourt en foule de toutes parts, insultant à l'envi
le prisonnier. Apprenez maintenant, ô reine, toute 'a fourberie des
Grecs, et que le crime d'un seul vous les fasse connaître tous. Dès
qu'il se voit seul et sans armes au milieu de cette multitude, il se
trouble, il s'arrête, et promenant ses regards sur les Troyens ras-

Inque alvum feri
curvam
compagibus :
illa stetit tremens,
uteroque recusso,
cavernæ cavæ insonuere
dedereque gemitum.
Et, si fata deum,
si mens
non fuisset læva,
impulerat
fœdare ferro
latebras Argolicas;
nuncque stares, Troja,
maneresque,
arx alta Priami.
  Interea
ecce pastores Dardanidæ
trahebant ad regem
magno clamore
juvenem
revinctum manus
post terga,
qui ultro
se obtulerat ignotum
venientibus,
ut strueret hoc ipsum,
aperiretque Trojam
Achivis;
fidens animi,
atque paratus in utrumque,
seu versare dolos,
seu occumbere morti certæ.
Undique,
studio visendi,
juventus Trojana ruit
circumfusa,
certantque illudere
capto.
  Accipe nunc
insidias Danaum,
et ab uno crimine
disce omnes.
Namque ut constitit
in medio conspectu,
turbatus, inermis,
atque circumspexit

et contre le ventre de l'animal
courbé (fait en courbe)
par les assemblages *de planches*
ce *javelot* se tint (se fixa) tremblant,
et le ventre ayant été ébranlé,
les cavités creuses résonnèrent
et donnèrent (rendirent) un gémissemen
Et si les destins des dieux,
si *notre* esprit
n'avait pas été à-gauche (aveuglé),
il *nous* avait poussés
à ravager avec le fer
les cachettes des-Argiens ;
et maintenant tu serais-debout, Troie,
et tu subsisterais,
citadelle élevée de Priam.
  Cependant
voilà que des bergers Dardaniens
traînaient vers le roi
à grands cris
un jeune homme
lié quant aux mains
derrière le dos,
qui de-lui-même
s'était présenté inconnu
à eux venant *de son côté*,
afin qu'il disposât ceci-même,
et qu'il ouvrît Troie
aux Achéens;
confiant (hardi) de cœur,
et préparé à l'un et à l'autre,
soit à agiter *dans son esprit* des ruses,
soit à succomber à une mort certaine.
De toute part,
par envie de voir,
la jeunesse troyenne se précipite
répandue-autour *de lui*,
et ils luttent à se jouer (ils se jouent à l'envi)
de lui fait-prisonnier.
  Reçois (entends) maintenant
les embûches des Grecs,
et par un seul crime (par le crime d'un seul)
apprends *à les connaître* tous.
Car dès qu'il se tint-debout
au milieu des regards,
troublé, sans-armes,
et qu'il aperçut-autour *de lui*

« Heu ! quæ nunc tellus, inquit, quæ me æquora possunt
Accipere ? aut quid jam misero mihi denique restat,   70
Cui neque apud Danaos usquam locus, et super ipsi
Dardanidæ infensi pœnas cum sanguine poscunt ? »
Quo gemitu conversi animi, compressus et omnis
Impetus. Hortamur fari quo sanguine cretus,
Quidve ferat; memoret, quæ sit fiducia capto.   75
Ille hæc, deposita tandem formidine, fatur :
    « Cuncta equidem tibi, rex, fuerit quodcumque, fatebor
Vera, inquit ; neque me Argolica de gente negabo :
Hoc primum ; nec, si miseram fortuna Sinonem
Finxit, vanum etiam mendacemque improba finget.   80
Fando aliquid [1], si forte tuas pervenit ad aures
Belidæ nomen Palamedis [2] et inclyta fama
Gloria, quem falsa sub proditione Pelasgi
Insontem, infando indicio, quia bella vetabat,
Demisere neci ; nunc cassum lumine lugent :   85

semblés : « Hélas ! quelle terre à présent, quelles mers peuvent
m'offrir un refuge ! Quel espoir me reste-t-il encore, à moi, malheureux, qui n'ai plus d'asile chez les Grecs et qui vois les Troyens
irrités demander mon supplice ! » Cette plainte change subitement
la disposition des esprits et fait tomber leur colère. On l'exhorte à
parler, à dire de quel sang il est né, ce qu'il a à nous apprendre, et
si nous pouvons compter sur la foi d'un captif. Remis enfin de sa
première frayeur, il nous parle en ces termes :

    « O roi, s'écrie-t-il, quoi qu'il puisse m'arriver, je dirai la vérité
tout entière. Et d'abord je ne vous cacherai pas que je suis Grec.
Si la fortune cruelle a fait Sinon malheureux, jamais du moins elle
ne le fera ni imposteur, ni traître. Quelque récit peut-être aura porté
jusqu'à vous le nom de Palamède, prince issu du sang de Bélus, et
dont la renommée se plaît à publier la gloire. Faussement accusé
de trahison, victime innocente d'une trame perfide, les Grecs le
livrèrent à la mort parce qu'il s'opposait à la guerre. Ils le pleurent

ıgmina Phrygia : / la multitude Phrygienne ı
« Heu! inquit, / « Hélas! dit-il,
quæ tellus, quæ æquora / quelle terre, quelles mers
possunt nunc accipere me? / peuvent à présent recevoir moi ?
aut quid restat denique jam / ou que reste-t-il enfin désormais
mihi misero, / à moi malheureux,
cui neque locus / à qui ni un lieu *de retraite*
usquam apud Danaos, / *n'est* quelque part chez les Grecs,
et super / et en outre
Dardanidæ ipsi infensi / les Dardaniens eux-mêmes irrités
poscunt poenas / demandent *mon* supplice
cum sanguine? » / avec *mon* sang? »
Quo gemitu animi conversi, / Par cette plainte les esprits *furent* changés,
et omnis impetus / et tout emportement
compressus. / réprimé.
Hortamur fari / Nous *l'*exhortons à dire
quo sanguine cretus, / de quel sang *il est* issu,
quidve ferat ; / ou ce qu'il apporte (ce qu'il annonce)
memoret, / qu'il expose,
quæ fiducia sit / quelle confiance peut être *accordée*
capto. / à *lui* prisonnier.
Ille, / Lui,
formidine deposita tandem, / la crainte étant déposée enfin,
fatur hæc : / dit ces *paroles* :
« Rex, inquit, / « Roi, dit-il,
equidem fatebor tibi / moi assurément j'avouerai à toi
cuncta vera, / toutes *choses* vraies (toute la vérité) ;
quodcumque fuerit; / quoi qu'il *en* doive être ;
neque negabo / et je ne nierai pas
me de gente argolica : / moi *être* de la race argienne :
hoc primum ; / j'avoue ceci d'abord ;
nec, si fortuna / et, si la fortune
finxit Sinonem miserum, / a fait Sinon malheureux,
improba finget etiam / la cruelle ne *le* fera pas de plus
vanum mendacemque. / faux et menteur.
Fando aliquid, / En disant quelque chose,
si forte / si par hasard
nomen Palamedis Belidæ / le nom de Palamède descendant de Bélus
pervenit ad tuas aures, / est arrivé jusqu'à tes oreilles,
et gloria / et (ainsi que) *sa* gloire
inclyta fama, / fameuse par la renommée,
quem Pelasgi / *lui* que les Pélasges
demisere neci insontem / ont envoyé à la mort innocent
sub proditione falsa, / sous *prétexte* d'une trahison fausse,
indicio infando, / sur une dénonciation indicible (infâme)
quia vetabat bella ; / parce qu'il défendait la guerre;
nunc lugent / maintenant ils pleurent

Illi me comitem, et consanguinitate propinquum,
Pauper in arma pater primis huc misit ab annis.
Dum stabat regno incolumis, regumque vigebat
Conciliis, et nos aliquod nomenque decusque
Gessimus : invidia postquam pellacis Ulyssei   90
(Haud ignota loquor) superis concessit ab oris,
Afflictus vitam in tenebris luctuque trahebam,
Et casum insontis mecum indignabar amici.
Nec tacui demens; et me, fors si qua tulisset,
Si patrios unquam remeassem victor ad Argos,   95
Promisi ultorem, et verbis odia aspera movi.
Hinc mihi prima mali labes ; hinc semper Ulysses
Criminibus terrere novis ; hinc spargere voces
In vulgum ambiguas, et quærere conscius arma.
Nec requievit enim, donec Calchante[1] ministro....   100

maintenant qu'il n'est plus. Mon père, qui était pauvre et que les
liens du sang attachaient à ce héros, m'envoya combattre auprès de
lui dès le commencement du siége. Tant que Palamède a conservé
son haut rang dans l'empire, tant qu'il a eu de l'autorité dans les
conseils des rois, moi-même aussi j'ai pu me flatter de quelque cré-
dit et de quelque gloire; mais quand la haine jalouse du perfide
Ulysse (je ne dis rien qui ne soit connu) l'eut précipité sur les
sombres bords, morne et chagrin je traînai, dans le deuil et les
larmes, une vie misérable, m'indignant en secret du coup qui
frappait un ami innocent. Insensé ! je ne sus pas me taire. Je jurai
que si jamais la fortune m'en offrait l'occasion, si jamais je rentrais
vainqueur dans Argos, ma patrie, je serais le vengeur de Palamède
et mes menaces allumèrent contre moi d'implacables ressentiments.
De là tous mes malheurs. Depuis ce temps, Ulysse n'a cessé de me
poursuivre d'atroces calomnies, de semer dans la multitude mille
soupçons odieux; et, tourmenté par sa conscience, de chercher des
armes contre moi. Enfin, sa haine n'eut point de repos jusqu'à ce
que, par le ministère de Calchas.... Mais pourquoi prolonger ces

cassum lumine :	*lui* privé de la lumière :
pater pauper	*mon* père pauvre
misit me huc	envoya moi ici
in arma	dans les armes (à la guerre)
a primis annis ,	dès les premières années *du siége,*
comitem illi ,	*comme* compagnon pour lui ,
et propinquum	*étant* aussi *son* proche *parent*
consanguinitate.	par la communauté-du-sang.
Dum stabat incolumis	Tant qu'il se tenait sain-et-sauf
regno,	dans *son* royaume (son autorité),
vigebatque	et qu'il avait-de-la-force
conciliis regum ,	dans les conseils des rois ,
et nos gessimus	nous aussi nous avons porté (eu)
aliquodque nomen	et quelque nom (un nom)
decusque :	et *quelque* honneur :
postquam invidia	après que par suite de l'envie
pellacis Ulyssei	du perfide Ulysse
(loquor haud ignota)	(je parle *de faits* non ignorés)
concessit	il se fut retiré
ab oris superis,	des bords d'en-haut (de la terre),
afflictus trahebam vitam	affligé je traînais *ma* vie
in tenebris luctuque,	dans les ténèbres et le deuil,
et indignabar mecum	et je m'indignais avec moi (en moi même)
casum insontis amici.	de la chute de *mon* innocent ami.
Nec tacui	Et je ne me suis pas tu
demens ;	insensé *que j'étais;*
et promisi me ultorem,	et je promis moi *devoir être son* vengeur,
si qua fors tulisset	si quelque hasard *m'en* offrait *l'occasion,*
si unquam	si jamais
remeassem victor	je pouvais retourner vainqueur
ad Argos patrios,	à Argos ma patrie ,
et verbis	et par *mes* paroles
movi odia aspera.	j'excitai des haines farouches.
Hinc mihi	De là pour moi
prima labes	la première tache (le premier contact)
mali ;	du mal;
hinc Ulysses	de là (dès lors) Ulysse
terrere semper	*commença à m'*effrayer toujours
criminibus novis;	par des accusations nouvelles;
hinc	dès lors *il commença*
spargere in vulgum	à répandre dans le public
voces ambiguas,	des paroles équivoques,
et conscius	et ayant conscience *de son crime*
quærere arma.	à chercher des armes *contre moi.*
Nec enim requievit,	Et en effet il ne se reposa pas,
donec	jusqu'à ce que |Calcha).
Calchante ministro....	Calchas *étant* ministre (par le ministere...

Sed quid ego hæc autem nequidquam ingrata revolvo?
Quidve moror? Si omnes uno ordine habetis Achivos,
idque audire sat est, jamdudum sumite pœnas :
Hoc Ithacus velit, et magno mercentur Atridæ. »

　　Tum vero ardemus scitari et quærere causas ,　　　　　　　105
Ignari scelerum tantorum artisque Pelasgæ.
Prosequitur pavitans , et ficto pectore fatur :

　« Sæpe fugam Danai Troja cupiere relicta
Moliri, et longo fessi discedere bello :
Fecissentque utinam ! Sæpe illos aspera ponti　　　　　　　110
Interclusit hiems, et terruit Auster euntes.
Præcipue, quum jam hic trabibus contextus acernis
Staret equus, toto sonuerunt æthere nimbi
Suspensi Eurypylum scitatum oracula Phœbi
Mittimus ; isque adytis hæc tristia dicta reportat :　　　　　115
« Sanguine placastis ventos et virgine cæsa ,
« Quum primum Iliacas, Danai, venistis ad oras ;

récits qui peut-être vous importunent? Pourquoi retarder votre
vengeance? Si tous les Grecs sont les mêmes à vos yeux, s'il vous
suffit de savoir que je suis Grec, punissez-moi. Ulysse ne désire
rièn tant, et les Atrides mettraient un si haut prix à mon supplice! »

　Ces mots enflamment notre curiosité : nous brûlons de connaître
les causes de sa fuite, ignorant, hélas ! jusqu'où peut aller la scélé-
ratesse et la perfidie d'un Grec. Alors, d'une voix tremblante, il
reprend son récit menteur :

　« Souvent les Grecs, rebutés par une si longue guerre, ont voulu
fuir de ces lieux, abandonner Troie et retourner dans leur patrie.
Plût aux dieux qu'ils l'eussent fait! Mais tantôt la tempête leur
ferma les mers, tantôt l'Auster impétueux les menaça à leur départ;
depuis surtout que ce cheval, formé de bois d'érable, est là debout,
cent fois les nues retentirent des éclats du tonnerre. Incertains du
sens de ce prodige, nous envoyons Eurypyle consulter l'oracle
d'Apollon. Eurypyle rapporta du sanctuaire ces désolantes paroles :
« Ce fut par le sang, ce fut par le sacrifice d'une vierge que vous
apaisâtes les vents, ô Grecs, quand vous vîntes pour la première
fois chercher les rivages d'Ilion : c'est par le sang que vous obtien-

Sed autem quid	Mais pourquoi
revolvo ego nequidquam	déroulé-je (raconté-je) inutilement
hæc ingrata?	ces *histoires* désagréables *à entendre?*
Quidve morer ?	Ou pourquoi tardé-je?
Si habetis uno crdine	Si vous avez (placez) sur un seul rang
omnes Achivos ,	tous les Achéens ,
estque sat	et si c'est assez *pour vous*
audire id ,	d'entendre cela (que je suis Grec) ,
jamdudum	depuis longtemps (au plus tôt)
sumite pœnas :	prenez (exécutez) le châtiment :
Ithacus velit hoc	l'Ithacien voudrait cela (mon supplice)
et Atridæ	et les Atrides
mercentur magno.	l'achèteraient d'un grand *prix.* »
Tum vero ardemus	Mais alors nous brûlons
scitari	d'interroger
et quærere causas ,	et de rechercher les causes *de sa fuite,*
ignari	ignorants (n'ayant pas d'idée)
tantorum scelerum	de si grandes scélératesses
artisque Pelasgæ.	et de l'artifice des-Pélasges.
Prosequitur pavitans ,	Il poursuit tremblant ,
et fatur pectore ficto :	et il parle avec un cœur déguisé :
« Sæpe Danai	« Souvent les Grecs
cupiere moliri fugam ,	ont désiré d'exécuter une fuite,
Troja relicta ,	Troie étant abandonnée,
et discedere ,	et de se retirer,
fessi longo bello :	fatigués d'une longue guerre :
utinamque fecissent!	et plût-aux-dieux qu'ils *l*'eussent fait!
Sæpe hiems aspera ponti	Souvent la tempête rigoureuse de la mer
interclusit,	enferma (arrêta),
et Auster terruit	et l'Auster effraya
illos euntes.	eux qui *s'en* allaient.
Præcipue,	Principalement,
quum jam hic equus	lorsque déjà ce cheval
contextus trabibus acernis	tissé (construit) de poutres d'-érable
staret ,	se tenait-debout ,
nimbi sonuerunt	les nuages retentirent
æthere toto.	dans l'éther tout-entier.
Suspensi	En-suspens
mittimus Eurypylum	nous envoyons Eurypyle
scitatum oracula Phœbi ;	interroger l'oracle de Phébus ;
isque reportat adytis	et celui-ci rapporte du sanctuaire
hæc tristia dicta :	ces tristes paroles :
« Placastis ventos	« Vous avez apaisé les vents
sanguine et virgine cæsa,	par du sang et par une jeune-fille égorgées
quum primum,	lorsque pour-la-première-fois,
Danai,	descendants-de-Danaüs ,
venistis ad oras Iliacas;	vous êtes venus aux bords d'Ilion ;

« Sanguine quærendi reditus, animaque litandum
» Argolica. » Vulgi quæ vox ut venit ad aures,
Obstupuere animi, gelidusque per ima cucurrit   120
Ossa tremor, cui fata parent, quem poscat Apollo.
Hic Ithacus vatem magno Calchanta tumultu
Protrahit in medios; quæ sint ea numina Divum
Flagitat. Et mihi jam multi crudele canebant
Artificis scelus, et taciti ventura videbant.   125
Bis quinos silet ille dies, tectusque recusat
Prodere voce sua quemquam, aut opponere morti.
Vix tandem magnis Ithaci clamoribus actus,
Composito rumpit vocem, et me destinat aræ.
Assensere omnes, et, quæ sibi quisque timebat,   130
Unius in miseri exitium conversa tulere.
Jamque dies infanda aderat: mihi sacra parari,
Et salsæ fruges, et circum tempora vittæ.

drez votre retour : sacrifiez un Grec. » A peine cette fatale sentence
est-elle arrivée aux oreilles de la multitude, la terreur s'empare d
tous les esprits, glace tous les cœurs. Quel est celui que les destins
ont marqué? Quelle est la victime que demande Apollon? Alors le
roi d'Ithaque entraîne à grand cris le devin Calchas au milieu de la
foule et le somme d'expliquer la volonté des dieux. Déjà plusieurs
m'annonçaient le cruel artifice de mon ennemi, et, silencieux,
pressentaient mon triste sort. Dix jours entiers Calchas se tait, et,
par une feinte pitié, refuse de nommer le malheureux qu'attend la
mort. Enfin, cédant comme à regret aux instances d'Ulysse, il rompt
le silence, et, d'accord avec lui, me dévoue aux autels. Tous ap-
plaudirent, et le coup que chacun redoutait pour soi-même, on le
vit avec joie tomber sur la tête d'un seul infortuné. Déjà le jour
fatal était arrivé : tout était prêt pour le sacrifice, et la farine, et le
sel, et les bandelettes qui devaient ceindre mon front. Je me suis

sanguine reditus	c'est par du sang que le retour
quærendi,	est à-rechercher (peut être obtenu),
litandumque	et il-faut-faire-un-sacrifice
anima Argolica. »	avec une âme Argienne.»
Ut quæ vox venit	Dès que cette parole fut arrivée
ad aures vulgi,	aux oreilles de la multitude,
animi obstupuere,	les esprits furent frappés-de-stupeur,
tremorque gelidus cucurrit	et un tremblement glacial courut
per ima ossa,	dans l'intérieur des os (des membres,
cui	les Grecs se demandant à qui
fata parent,	les destins préparaient la mort ,
quem poscat Apollo.	qui demandait Apollon.
Hic Ithacus magno tumultu	Ici (alors) l'Ithacien avec un grand bruit
protrahit in medios	entraîne au milieu des Grecs
vatem Calchanta ;	le devin Calchas ;
flagitat	il lui demande-avec-instance
quæ sint ea numina divum.	quelles sont ces volontés des dieux.
Et multi jam	Et beaucoup déjà
canebant mihi	prédisaient à moi
scelus crudele artificis ,	le crime cruel de l'artificieux Ulysse ,
et taciti	et se taisant
videbant ventura.	voyaient ce qui arriverait.
Ille silet	Lui (Calchas) garde-le-silence
bis quinos dies,	pendant deux fois cinq jours ,
tectusque recusat	et couvert (dissimulant) il refuse
prodere quemquam	d'indiquer quelqu'un
sua voce,	de sa voix,
aut opponere morti.	ou (et) d'exposer quelqu'un à la mort.
Vix tandem	Avec-peine enfin
actus magnis clamoribus	poussé par les grandes clameurs
Ithaci,	de l'Ithacien ,
rumpit vocem	il laisse-échapper sa voix
composito,	d'après-une-convention faite avec Ulysse,
et destinat me aræ.	et désigne moi pour l'autel.
Omnes assensere ,	Tous consentirent,
et quæ quisque	et les malheurs que chacun
timebat sibi ,	craignait pour soi ,
tulere	il les supportèrent sans peine
conversa	tournés (détournés)
in exitium unius miseri.	vers la perte d'un seul malheureux.
Jamque dies infanda	Et déjà le jour indicible (affreux)
aderat :	était arrivé :
sacra	les cérémonies sacrées
parari mihi ,	être (étaient) préparées pour moi,
et fruges salsæ ,	et les fruits de la terre (la farine) salés.
et vittæ circum tempora.	et les bandelettes autour de mes tempes
Me eripui leto,	Je m'arrachai à la mort,

Eripui, fateor, leto me, et vincula rupi ;
Limosoque lacu per noctem obscurus in ulva   135
Delitui, dum vela darent, si forte dedissent.
Nec mihi jam patriam antiquam spes ulla videndi
Nec dulces natos exoptatumque parentem,
Quos illi fors ad pœnas ob nostra reposcent
Effugia, et culpam hanc miserorum morte piabunt.   140
Quod te, per superos [1] et conscia numina veri,
Per, si qua est quæ restet adhuc mortalibus usquam
Intemerata fides, oro, miserere laborum
Tantorum ! miserere animi non digna ferentis ! »

His lacrymis vitam damus, et miserescimus ultro.   145
Ipse viro primus manicas atque arta levari
Vincla jubet Priamus, dictisque ita fatur amicis :
« Quisquis es, amissos hinc jam obliviscere Graios,
Noster eris ; mihique hæc edissere vera roganti :

dérobé à la mort, je l'avoue ; j'ai rompu mes liens, et, caché la nuit
dans les roseaux d'un marais fangeux, j'attendais que les Grecs
missent à la voile, si par hasard ils prenaient ce parti. Hélas ! plus
d'espérance pour moi de revoir le pays de mes aïeux, mon père,
mes enfants, objets si chers et si regrettés ! Peut-être les Grecs ven-
geront-ils ma fuite sur ces infortunés et demanderont-ils leur sang
pour expier ma faute. Au nom des dieux, prince magnanime, de ces
dieux qui savent que je dis la vérité, au nom sacré de la justice,
s'il en est encore quelques vestiges parmi les mortels, ayez pitié, je
vous en conjure, des maux dont je suis accablé ; ayez pitié d'un
malheureux digne d'un meilleur sort. »

Il pleurait ; ses larmes éveillent la pitié dans tous les cœurs : nous
lui accordons la vie. Priam lui-même ordonne le premier qu'on l'af-
franchisse de ses liens, qu'on dégage ses mains enchaînées, et il lui
adresse ces paroles amies : « Qui que tu sois, oublie désormais la
Grèce perdue pour toi : tu seras un des nôtres ; mais réponds avec
franchise à ce que je vais te demander. Pourquoi ont-ils construit ce

fateor,	je l'avoue,
et rupi vincula,	et je rompis *mes* liens;
perque noctem	et pendant la nuit
obscurus	obscur (dans l'obscurité)
delitui lacu limoso	je me cachai dans un lac fangeux
in ulva,	au milieu de l'algue,
dum darent	jusqu'à ce qu'ils abandonnassent
vela,	*leurs* voiles *aux vents,*
si forte dedissen*t*.	si par hasard ils *les* abandonnaient.
Nec jam mihi	Et désormais *il n'est* plus à moi
ulla spes	aucune espérance
videndi patriam antiquam,	de voir *ma* patrie antique,
nec natos dulces	ni *mes* fils doux *à mon cœur* (chéris)
parentemque	et *mon* père
exoptatum,	souhaité (que je désirais revoir),
quos illi	*eux* que ceux-là (les Grecs)
reposcent fors ad pœnas	réclameront peut-être pour le supplice
ob nostra effugia,	à cause de notre évasion,
et piabunt hanc culpam	et ils expieront (puniront) cette faute
morte miserorum.	par la mort de *ces* malheureux.
Quod oro te,	Je prie toi,
per superos	par les *dieux* d'en-haut
et numina	et par les divinités
conscia veri,	qui-ont-connaissance du vrai,
per,	par *la bonne foi,*
si est qua fides intemerata	s'il est quelque bonne foi non-violée
quæ restet adhuc usquam	qui reste encore quelque part
mortalibus,	aux mortels,
miserere	aie-pitié
laborum tantorum !	de peines si grandes !
miserere animi	aie-pitié d'un cœur
ferentis	qui supporte
non digna ! »	*des malheurs* non dignes (non mérités) ! »
Damus vitam	Nous accordons la vie
nis lacrymis,	à ces larmes,
et miserescimus ultro.	et nous avons-pitié *de lui* spontanément.
Priamus ipse primus jubet	Priam lui-même le premier ordonne
manicas et vincla arta	les menottes et les liens étroits
levari viro,	être allégés (ôtés) à *cet* homme,
faturque ita dictis amicis :	et parle ainsi avec des paroles amies :
« Quisquis es,	« Qui que tu sois,
hinc jam	d'ici (dès à présent) désormais
obliviscere Graios amissos ;	oublie les Grecs perdus *pour toi,*
eris noster ;	tu seras nôtre (un des nôtres) ;
edissereque hæc vera	et expose ces choses vraies
mili roganti :	à moi qui *t'*interroge :
Quo statuere	Dans-quel-but ont-ils établi (construit)

Quo molem hanc immanis equi statuere? quis auctor?   150
Quidve petunt? quæ religio? aut quæ machina belli? »
Dixerat. Ille, dolis instructus et arte Pelasga,
Sustulit exutas vinclis ad sidera palmas :
« Vos, æterni ignes, et non violabile vestrum
Testor numen, ait; vos, aræ, ensesque nefandi,   155
Quos fugi; vittæque deum, quas hostia gessi :
Fas mihi Graiorum sacrata resolvere jura ;
Fas odisse viros, atque omnia ferre sub auras,
Si qua tegunt; teneor patriæ nec legibus ullis.
Tu modo promissis maneas, servataque serves   160
Troja fidem, si vera feram, si magna rependam.
  « Omnis spes Danaum, et cœpti fiducia belli
Palladis auxiliis semper stetit. Impius ex quo
Tydides sed enim scelerumque inventor Ulysses,
Fatale aggressi sacrato avellere templo   165
Palladium, cæsis summæ custodibus arcis,
Corripuere sacram effigiem, manibusque cruentis

monstrueux cheval? Qui en donna le conseil? Qu'en espèrent-ils ?
Est-ce une offrande aux dieux? Est-ce une machine de guerre? »
Ainsi parlait le vieux Priam. Alors Sinon, instruit chez les Grecs
dans l'art de feindre, levant vers les cieux ses mains libres d'en-
traves : « Feux éternels, inviolables divinités, s'écrie-t-il, et vous
autels funèbres, couteaux sanglants que j'ai fuis, bandelettes sacrées
que portait mon front dévoué à la hache, je vous prends à témoin.
Oui, je puis maintenant sans crime rompre les saints engagements qui
m'attachaient aux Grecs ; il m'est permis de haïr mes oppresseurs,
et de révéler à tous, à la clarté du soleil, ce qu'ils cachent dans
l'ombre. Je ne tiens plus à ma patrie par aucune loi. Et vous, ô
roi, soyez fidèle à vos promesses. Si je sauve Troie en disant la
vérité, si je fais d'importants aveux, que du moins mon salut soit
le prix du vôtre.

  « Toute l'espérance des Grecs, toute leur confiance dans la guerre
contre Pergame, étaient fondées sur la protection de Pallas ;
mais du jour que l'impie Diomède et qu'Ulysse, artisan de crimes,
entreprirent d'arracher de son sanctuaire le fatal Palladium, et qu'après
avoir égorgé les gardes de la citadelle, ils osèrent saisir l'image auguste de la déesse et porter leurs mains sanglantes sur ses bande-

hanc molem equi immanis?	cette masse d'un cheval énorme?
quis auctor?	qui *est* le conseiller?
quidve petunt ?	ou que demandent-ils (que cherchent-ils)?
quæ religio ?	quel objet-religieux *est-ce*?
aut quæ machina belli? »	ou quelle machine de guerre? »
Dixerat.	Il avait dit.
Ille , instructus dolis	Lui (Sinon), muni des ruses
et arte Pelasga,	et de l'artifice des-Pélasges,
sustulit ad sidera	souleva vers les astres
palmas exutas vinclis :	*ses* mains dépouillées de liens :
« Testor, ait, ignes æterni,	« J'atteste, dit-il, feux éternels,
vos et vestrum numen	vous et votre divinité
non violabile;	inviolable ;
vos, aræ, ensesque nefandi,	vous, autels, et glaives abominables,
quos fugi ;	que j'ai fuis ;
vittæque deum ,	et *vous* bandelettes des dieux,
quas gessi hostia :	que j'ai portées *comme* victime :
fas mihi resolvere	*il est* permis *à moi* de rompre (de renier)
jura sacrata Graiorum ;	les droits sacrés des Grecs ;
fas odisse viros ,	*il est* permis *à moi* de haïr *ces* hommes,
et ferre sub auras	et de porter sous les airs (de découvrir)
omnia,	toutes choses,
si tegunt qua;	s'ils *en* cachent quelques-unes ;
nec teneor	et je ne suis *plus* tenu (obligé)
ullis legibus patriæ.	par aucunes lois de *ma* patrie.
Tu modo	Toi seulement
maneas promissis ,	reste dans *tes* promesses (tiens-les,
servataque, Troja,	et sauvée *par moi*, ô Troie,
serves fidem,	garde *ta* foi (ta parole),
si feram vera,	si je rapporte des choses vraies,
si rependam	si je donne-en-échange *de mon salut*
magna.	de grands services.
« Omnis spes Danaum ,	« Tout l'espoir des Grecs,
et fiducia belli cœpti	et *leur* confiance en la guerre commencée
stetit semper	a consisté (reposé) toujours
auxiliis Palladis.	en (sur) les secours de Pallas.
Sed enim ex quo	Mais depuis que
impius Tydides,	l'impie fils-de-Tydée,
Ulyssesque	et Ulysse
inventor scelerum,	inventeur de crimes,
aggressi avellere	ayant entrepris d'arracher
templo sacrato	de *son* temple sacré
fatale Palladium,	le fatal Palladium,
custodibus arcis summæ	les gardiens de la citadelle élevée
cæsis,	ayant été tués,
corripuere effigiem sacram,	ont saisi l'image sainte,
manibusque cruentis	et de leurs mains sanglantes

Virgineas ausi divæ contingere villas,
Ex illo fluere ac retro sublapsa referri
Spes Danaum, fractæ vires, aversa deæ mens.   170
Nec dubiis ea signa dedit Tritonia [1] monstris.
Vix positum castris simulacrum, arsere coruscæ
Luminibus flammæ arrectis, salsusque per artus
Sudor iit, terque ipsa solo (mirabile dictu!)
Emicuit, parmamque ferens hastamque trementem.   175
Extemplo tentanda fuga canit æquora Calchas,
Nec posse Argolicis exscindi Pergama telis,
Omina ni repetant Argis, numenque reducant
Quod pelago et curvis secum avexere carinis.
Et nunc, quod patrias vento petiere Mycenas,   160
Arma Deosque parant comites, pelagoque remenso
Improvisi aderunt : ita digerit omina Calchas.
Hanc pro Palladio, moniti, pro numine læso

.ettes virginales, de ce jour s'évanouit et fut emportée sans retour
l'espérance des Grecs. Leurs forces furent brisées, la déesse leur retira
son appui. Des prodiges non douteux ne manifestèrent que trop le
courroux de l'immortelle. A peine, en effet, la statue fut-elle placée dans le camp, de ses yeux menaçants et levés sur nous jaillirent
des étincelles; une sueur amère ruissela sur tous ses membres, et
trois fois (ô surprise!) elle bondit sur le sol, agitant son égide et
sa lance frémissante. Aussitôt Calchas s'écrie qu'il faut repasser les
mers, que Troie ne peut tomber sous le fer des Argiens, s'ils ne
retournent dans Argos pour y prendre de nouveaux auspices et ra-
mener l'image sacrée qu'ils ont emportée sur leurs vaisseaux à
travers les ondes. Et maintenant que, poussés par des vents amis,
ils vont revoir leur Mycènes, c'est pour vous préparer de plus rudes
attaques, associer les dieux à leur entreprise, et, repassant une seconde fois les eaux, reparaître à l'improviste sur vos bords. Ainsi
Calchas interprète les divers présages. Afin d'apaiser la déesse offen-
sée et pour remplacer le Palladium, ils ont, d'après les conseils du
devin construit ce vain simulacre d'un cheval, en expiation de leu

ausi contingere	out osé toucher
vittas virgineas divæ,	les bandelettes virginales de la déesse,
ex illo	depuis ce *temps*
spes Danaum	l'espérance des Grecs
fluere,	*commença* à s'écouler (s'évanouir),
et referri retro	et *à* être reportée en arrière (à décroître
sublapsa,	se retirant-peu-à-peu,
vires fractæ,	*leurs* forces *furent* brisées,
mens deæ aversa.	l'esprit de la déesse détourné d'*eux*.
Nec Tritonia dedit ea signa	Et Tritonie ne donna pas ces signes
monstris dubiis.	par des prodiges douteux.
Vix simulacrum	A peine la statue
positum castris,	*eut été* déposée dans le camp,
flammæ coruscæ	des flammes étincelantes
arsere	brûlèrent (brillèrent)
luminibus arrectis,	dans ses yeux levés (ouverts),
sudorque salsus	et une sueur salée
iit per artus,	alla (coula) le long de *ses* membres,
terque ipsa	et trois fois d'elle-même
(mirabile dictu!)	(*prodige* étonnant à être dit!)
emicuit solo,	elle bondit du sol,
ferens parmamque	portant et *son* bouclier
hastamque trementem.	et *sa* pique tremblante.
Extemplo Calchas canit	Aussitôt Calchas chante (prophétise)
æquora tentanda	les mers devoir être tentées
fuga,	par la fuite,
nec Pergama posse exscindi	et Pergamie ne pouvoir pas être détruite
telis Argolicis,	par les traits des-Argiens,
ni repetant Argis	s'ils ne vont-reprendre d'Argos
omina,	les présages,
reducantque numen	et ne ramènent la divinité
quod avexere secum pelago	qu'ils ont emportée avec eux sur la mer
carinisque curvis.	et sur *leurs* carènes (vaisseaux) courbes.
Et nunc,	Et maintenant,
quod petiere vento	qu'ils ont gagné à l'aide du vent
Mycenas patrias,	Mycènes leur-patrie,
parant arma	ils *se* préparent des armes
deosque comites,	et des dieux *pour* compagnons,
pelagoque	et la mer
remenso	ayant été mesurée (traversée)-de-nouveau,
aderunt improvisi :	ils seront-ici imprévus (à l'improviste) :
ita Calchas	*c'est* ainsi *que* Calchas
digerit omina.	dispose (explique) *ces* présages.
Moniti,	Avertis *par lui,*
statuere pro Palladio,	ils ont dressé en place du Palladium,
pro numine læso,	en place de la divinité offensée,
hanc effigiem,	cette figure (ce cheval),

Effigiem statuere, nefas quæ triste piaret.
Hanc tamen immensam Calchas attollere molem   185
Roboribus textis, cœloque educere jussit,
Ne recipi portis aut duci in mœnia possit,
Neu populum antiqua sub religione tueri.
Nam si vestra manus violasset dona Minervæ,
Tum magnum exitium (quod Di prius omen in ipsum   190
Convertant!) Priami imperio Phrygibusque futurum :
Sin manibus vestris vestram ascendisset in urbem,
Ultro Asiam magno Pelopea ad mœnia [4] bello
Venturam, et nostros ea fata manere nepotes. »

Talibus insidiis, perjurique arte Sinonis,   195
Credita res, captique dolis lacrymisque coactis,
Quos neque Tydides, nec Larissæus Achilles,
Non anni domuere decem, non mille carinæ.

Hic aliud majus miseris multoque tremendum
Objicitur magis, atque improvida pectora turbat.   200
Laocoon[2], ductus Neptuni sorte sacerdos,

---

sacrilége. Calchas a voulu qu'on en élevât jusqu'aux cieux la gigan-
tesque structure, afin qu'il ne pût entrer par les portes de votre ville,
pénétrer dans vos murs et les couvrir ainsi de l'ombre tutélaire d'un
culte antique. Car si vous portez des mains téméraires sur cette of
frande agréée par Minerve, (Puissent les Dieux tourner ce présage
contre Calchas lui-même!) malheur à l'empire de Priam! malheur
aux Phrygiens! Si, au contraire, vos mains religieuses introdui-
sent le colosse dans la ville, alors l'Asie, à son tour, portera la
désolation dans les murs de Pélops : ces tristes destins attendent nos
descendants. »

Ce discours insidieux, cet abominable artifice de Sinon surpren-
nent notre confiance. Des larmes feintes, la ruse d'un fourbe triom-
phèrent ainsi de guerriers que n'avaient pu vaincre ni Diomède, fils
de Tydée, ni le bouillant Achille, ni dix ans de siége, ni mille vaisseaux grecs.

Bientôt, dans notre malheur, un prodige nouveau, un spectacle
plus effrayant encore, s'offre à nos yeux et achève d'entraîner nos
esprits aveuglés. Laocoon, que le sort avait fait grand-prêtre de

quæ piaret triste nefas.
Calchas tamen
jussit attollere
hanc molem immensam
roboribus textis,
educereque cœlo,
ne possit
recipi portis
aut duci in mœnia,
neu tueri populum
sub religione
antiqua.
Nam si vestra manus
violasset
dona Minervæ,
tum (di prius
convertant in ipsum
quod omen!)
magnum exitium
futurum imperio Priami
Phrygibusque;
sin vestris manibus
escendisset
in vestram urbem,
Asiam venturam ultro
magno bello
ad mœnia Pelopea,
et ea fata
manere nostros nepotes. »

Talibus insidiis,
arteque perjuri Simonis,
res credita,
captique dolis
lacrymisque coactis,
quos neque Tydides,
nec Achilles Larissæus,
non decem anni,
non mille carinæ
domuere.

Hic aliud majus
multoque magis tremendum
objicitur miseris,
atque turbat pectora
improvida.
Laocoon,
ductus sorte
sacerdos Neptuni,

qui expiât *leur* funeste crime.
Calchas cependant
a ordonné d'élever
cette masse énorme
avec des chênes tissus (assemblés),
et de *la* conduire jusqu'au ciel,
afin qu'elle ne puisse pas
être reçue par *vos* portes
ou être conduite dans *vos* murs,
ni défendre *votre* peuple
replacé sous la protection-religieuse
antique.
Car si votre main
avait violé (profané)
les dons de Minerve (offerts à Minerve),
alors (que les dieux auparavant
tournent contre lui-même
ce présage !)
il disait une grande calamité
devoir être à l'empire de Priam
et aux Phrygiens;
mais si par vos mains
ce cheval avait monté (était entré)
dans votre ville,
l'Asie devoir venir d'elle-même
avec une grande guerre
aux murs de-Pélops,
et ces destinées
attendre nos descendants. »

Par de telles embûches
et par l'artifice du parjure Sinon,
la chose *fut* crue,
et *ils furent* pris par des ruses
et par des larmes forcées,
reux que ni le fils-de-Tydée,
ni Achille de-Larisse,
ni dix années *de siége*,
ni mille carènes (vaisseaux)
n'avaient domptés.

Ici (alors) un autre *événement* plus grand
et beaucoup plus effroyable
s'offre à *nous* malheureux,
et trouble *nos* cœurs
qui-ne-s'y-attendaient pas
Laocoon,
amené (choisi) par le sort
prêtre de Neptune.

Solemnes taurum ingentem mactabat ad aras.
Ecce autem gemini a Tenedo tranquilla per alta
(Horresco referens) immensis orbibus angues
Incumbunt pelago[1], pariterque ad littora tendunt.   205
Pectora quorum inter fluctus arrecta, jubæque
Sanguineæ exsuperant undas; pars cetera pontum
Pone legit, sinuatque immensa volumine terga.
Fit sonitus spumante salo. Jamque arva tenebant,
Ardentesque oculos suffecti sanguine et igni,   210
Sibila lambebant linguis vibrantibus ora.
Diffugimus visu exsangues: illi agmine certo[2]
Laocoonta petunt; et primum parva duorum
Corpora natorum serpens amplexus uterque
Implicat, et miseros morsu depascitur artus: 215
Post ipsum auxilio subeuntem ac tela ferentem
Corripiunt, spirisque ligant ingentibus; et jam
Bis medium amplexi, bis collo squamea circum
Terga dati, superant capite et cervicibus altis.

Neptune, immolait, avec solennité, un superbe taureau sur les autels du Dieu. Voilà que tout à coup (j'en frémis encore), sortis de
Ténédos, par une mer calme, deux énormes serpents s'allongent sur
les eaux, et, déroulant leurs orbes immenses, s'avancent de front
vers le rivage. Leur poitrine écailleuse se dresse au milieu des flots
et de leur crête sanglante ils dominent les ondes; le reste du corps
se traîne en effleurant la mer et leur queue monstrueuse se recourbe
en tortueux replis. On entend mugir sur leur passage la mer écu-
mante. Déjà ils atteignent le bord. Les yeux ardents, rongés de sang
et de feu, la gueule béante, ils font siffler leur triple dard. A cette
vue, nous fuyons pâles d'effroi. Eux, d'un élan commun, vont
droit au grand prêtre; et d'abord, se jetant sur ses deux fils, ils
embrassent d'une horrible étreinte, ils déchirent de cruelles mor-
-ures le corps de ces jeunes infortunés. Puis, ils saisissent le père
lui-même qui venait, une hache à la main, au secours de ses enfants.
Ils l'enlacent, ils l'enveloppent de leurs anneaux immenses. Deux
fois repliant autour de ses reins, deux fois roulant autour de son
cou leurs cercles d'écailles, ils dépassent encore son front de leurs

mactabat ingentem taurum	immolait un superbe taureau
ad aras solemnes.	au pied des autels solennels.
Ecce autem	Mais voici que
(horresco referens)	(je frissonne en le rapportant)
gemini angues	deux serpents
orbibus immensis	aux anneaux immenses
a Tenedo	*partis* de Ténédos
per alta	par les *eaux* profondes
tranquilla	tranquilles (par une mer calme)
incumbunt pelago	se couchent-sur la mer
tenduntque ad littora	et se dirigent vers le rivage
pariter.	également (de front).
Quorum pectora	Desquels les poitrines
arrecta inter fluctus,	dressées au milieu des flots,
jubæque sanguineæ	et les crêtes sanglantes
exsuperant undas ;	dépassent (dominent) les eaux ;
cetera pars	l'autre partie *du corps*
legit pontum pone,	effleure la mer par derrière,
sinuatque volumine	et replie par une spirale (en anneaux)
terga immensa.	*leurs* dos immenses.
Sonitus fit salo spumante.	Un bruit se fait sur la mer écumante.
Jamque tenebant arva,	Et déjà ils tenaient (touchaient) les terres
suffectique oculos ardentes	et colorés dans *leurs* yeux ardents
sanguine et igni,	de sang et de feu,
lambebant	ils léchaient
linguis vibrantibus	de *leurs* langues vibrantes
ora sibila.	*leurs* gueules sifflantes.
Diffugimus	Nous fuyons-de-tous-côtés
exsangues visu :	privés-de-sang (glacés) à *cette* vue :
illi agmine certo	eux d'une marche certaine
petunt Laocoonta ;	gagnent Laocoon ;
et primum uterque serpens	et d'abord l'un et l'autre serpent
amplexus parva corpora	ayant embrassé les petits corps
duorum natorum	de *ses* deux fils
implicat,	*les* enlace,
et depascitur morsu	et dévore de *sa* morsure
artus miseros :	*leurs* membres malheureux :
post corripiunt ipsum	ensuite ils *le* saisissent lui-même
subeuntem auxilio	venant au secours
et ferentem tela,	et apportant des traits,
ligantque ingentibus spiris ;	et ils *l*'enchaînent d'immenses anneaux,
et amplexi jam bis	et *l*'ayant embrassé déjà deux fois
medium,	au-milieu (par le milieu du corps),
bis dati circum	deux fois s'étant donnés (roulés) autour
collo	à *son* cou (de son cou)
terga squamea,	avec *leurs* dos écailleux,
superant capite	ils *le* dépassent de *leur* tête

Ille simul manibus tendit divellere nodos,   220
Perfusus sanie vittas atroque veneno ;
Clamores simul horrendos ad sidera tollit ;
Quales mugitus, fugit quum saucius aram
Taurus, et incertam excussit cervice securim.
At gemini lapsu delubra ad summa dracones   225
Effugiunt, sævæque petunt Tritonidis arcem ,
Sub pedibusque deæ clypeique sub orbe teguntur.
     Tum vero tremefacta novus per pectora cunctis
Insinuat pavor ; et scelus expendisse merentem
Laocoonta ferunt, sacrum qui cuspide robur   230
Læserit, et tergo sceleratam intorserit hastam.
Ducendum ad sedes simulacrum, orandaque divæ
Numina, conclamant.
Dividimus muros, et mœnia pandimus urbis.
Accingunt omnes operi, pedibusque rotarum   235
Subjiciunt lapsus ¹ et stuppea vincula collo
Intendunt. Scandit fatalis machina muros,
Feta armis : pueri circum innuptæque puellæ

têtes altières. Lui, tout trempé de leur bave immonde, et dégouttant du noir venin qui souille ses bandelettes sacrées, roidit ses bras contre ces nœuds épouvantables et pousse vers le ciel des cris affreux. Tel mugit le taureau quand, blessé à l'autel, il fuit, secouant de son cou saignant la hache incertaine. Enfin les dragons vainqueurs s'éloignent en glissant sur leurs écailles, gagnent les hauteurs du temple, et, réfugiés dans le sanctuaire de Minerve irritée, s'y cachent, aux pieds de la déesse, sous l'orbe de son bouclier.

A ce prodige nouveau tous les cœurs sont saisis d'une nouvelle épouvante. On s'écrie que Laocoon a reçu le juste châtiment de son crime, lui qui d'une main sacrilége, profanant le cheval sacré, lança contre ses flancs une javeline impie ; qu'il faut conduire au temple le divin simulacre et fléchir par des prières le courroux de Minerve. Aussitôt on fait une large brèche aux murs de la ville ; nous en ouvrons l'enceinte au colosse. Chacun s'empresse à l'ouvrage. On glisse sous les pieds du cheval des madriers roulants ; on attache à son cou de longs cordages. La fatale machine franchit nos murs, grosse de soldats armés. Des enfants et des vierges l'accompagnent en chan-

et cervicibus altis.
Ille simul tendit
divellere nodos manibus
perfusus vittas
sanie atroque veneno
simul tollit ad sidera
clamores horrendos :
quales mugitus
taurus,
quum saucius fugit aran,
et excussit cervice
securim incertam.
At gemini dracones
effugiunt lapsu
ad delubra summa,
petuntque arcem
Tritonidis sævæ,
tegunturque
sub pedibus deæ
subque orbe clypei.
 Tum vero pavor novus
insinuat cunctis
per pectora tremefacta ;
et ferunt
Laocoonta merentem
expendisse scelus,
qui læserit cuspide
robur sacrum,
et intorserit tergo
hastam sceleratam.
Conclamant
simulacrum ducendum
ad sedes divæ,
numinaque oranda.
Dividimus muros,
et pandimus mœnia urbis.
Omnes accingunt operi,
subjiciuntque pedibus
lapsus
rotarum,
et intendunt collo
vincula stuppea.
Fatalis machina
scandit muros,
feta armis :
circum pueri
et puellæ innuptæ

et de *leurs* cous élevés.
Lui en même temps s'efforce
de détacher les nœuds avec *ses* mains,
arrosé sur *ses* bandelettes
de bave et d'un noir venin ;
en même temps il élève vers les astres
des cris horribles :
tels que les mugissements
que pousse un taureau,
lorsque blessé il s'est enfui de l'autel,
et a secoué de *son* cou
la hache incertaine (mal assurée).
Mais les deux serpents
s'enfuient en-glissant
vers les temples les plus élevés,
et ils gagnent la demeure-haute
de Tritonie irritée,
et ils se cachent
sous les pieds de la déesse
et sous l'orbe de *son* bouclier.
 Mais alors une épouvante nouvelle
se glisse à *nous* tous
dans *nos* cœurs effrayés ;
et on rapporte (on dit)
Laocoon *le* méritant
avoir payé *son* crime,
lui qui avait endommagé d'un javelot
le chêne (le cheval de bois) sacré,
et qui avait lancé-contre *son* flanc
un dard criminel.
Tous crient-ensemble
l'image devoir être conduite
dans la demeure de la déesse,
et *sa* divinité devoir être priée.
Nous divisons les murs ,
et nous ouvrons les remparts de la ville.
Tous se disposent à l'ouvrage,
et placent-sous les pieds *du cheval*
le glissement
de roues (le font glisser sur des roues),
et tendent à *son* cou
des cordes d'-étoupe (de chanvre).
La fatale machine
franchit les murs,
pleine d'armes :
autour *d'elle* des jeunes-garçons
et des jeunes-filles non-mariées

Sacra canunt, funemque manu contingere gaudent.
Illa subit, mediæque minans illabitur urbi.   240
O patria, o divum domus Ilium, et inclyta bello
Mœnia Dardanidum! quater ipso in limine portæ
Substitit, atque utero sonitum quater arma dedere.
Instamus tamen immemores, cæcique furore,
Et monstrum infelix sacrata sistimus arce.   245
Tunc etiam fatis aperit Cassandra futuris
Ora, dei jussu non unquam credita Teucris.
Nos delubra deum, miseri, quibus ultimus esset
Ille dies, festa velamus fronde per urbem.

Vertitur interea cœlum, et ruit Oceano nox,   250
Involvens umbra magna terramque polumque,
Myrmidonumque dolos : fusi per mœnia Teucri
Conticuere; sopor fessos complectitur artus.
Et jam Argiva phalanx instructis navibus ibat
A Tenedo, tacitæ per amica silentia lunæ[1],   255

---

tant des hymnes pieux et se plaisent à toucher les cordes qui la traî-
nent. Elle entre enfin, elle entre et s'avance menaçante jusqu'au
centre de la ville. O ma patrie! ô Ilion! sainte demeure des Dieux!
cité de Dardanus! remparts illustrés par tant d'exploits! quatre fois
sur le seuil même de nos portes le colosse s'arrêta : quatre fois ses
vastes flancs retentirent du bruit des armes. Mais, insensés que nous
sommes, entraînés par un aveugle transport, nous poursuivons notre
entreprise, et nous plaçons le monstre fatal dans l'enceinte sacrée
de la citadelle. Alors Cassandre, élevant sa voix prophétique, nous
prédit nos malheurs. Mais un Dieu voulût que Cassandre ne fut jamais crue des Troyens. Et nous, nous malheureux, qui voyions se
lever notre dernier jour, nous ornions de guirlandes, comme en un
jour de fête, les temples de nos Dieux!

Cependant le soleil a terminé sa course, et la nuit, s'élançant du
sein de l'Océan, enveloppe de son ombre immense et la terre, et les
cieux, et les artifices des Grecs. Les Troyens, répandus çà et là sur les
remparts, se sont tus : le sommeil enchaîne leurs membres fatigués.
Déjà la flotte argienne, sortie de Ténédos, s'avançait en ordre, voguant,
à la faveur du silence et de la lune encore absente, vers des rivages,

canunt sacra,	chantent des *hymnes* sacrés,
gaudentque	et se réjouissent
contingere funem manu.	de toucher la corde de *leur* main.
Illa subit,	Elle (la machine) entre,
illabiturque minans	et glisse menaçante
mediæ urbi.	*jusqu'*au milieu de la ville.
O patria, o Ilium,	O *ma* patrie, ô Ilion,
domus divum,	demeure des dieux,
et mœnia Dardanidum	et *vous*, remparts des fils-de-Dardanus
inclyta bello!	fameux par la guerre!
quater substitit	quatre fois elle s'arrêta
in limine ipso portæ,	sur le seuil même de la porte,
atque quater	et quatre fois
arma dedere sonitum	les armes rendirent un bruit
utero.	dans *son* ventre (dans ses flancs).
Instamus tamen	Nous poursuivons cependant
immemores,	ne-nous-souvenant-pas *de ce bruit*,
cæcique furore,	et aveuglés par l'égarement,
sistimusque arce sacrata	et nous plaçons dans la citadelle sacrée
monstrum infelix.	le monstre (le colosse) funeste.
Tunc etiam Cassandra	Alors aussi Cassandre
aperit ora fatis futuris,	ouvre *sa* bouche aux destinées futures,
jussu dei	*elle qui* par l'ordre d'un dieu
non unquam credita	ne *fut* jamais crue
Teucris.	des Troyens.
Nos miseri,	Nous malheureux,
quibus ille dies	pour lesquels ce jour
esset ultimus,	était le dernier,
velamus delubra deum	nous voilons les temples des dieux
fronde festa	d'un feuillage de-fête
per urbem.	par *toute* la ville.
Interea cœlum vertitur,	Cependant le ciel tourne,
et nox ruit	et la nuit se précipite (sort rapidement)
Oceano,	de l'Océan,
involvens umbra magna	enveloppant de *son* ombre immense
terramque polumque,	et la terre et le pôle (le ciel),
dolosque Myrmidonum:	et les ruses des Myrmidons:
Teucri fusi per mœnia	les Troyens répandus sur les remparts
conticuere;	se sont tus;
sopor complectitur	le sommeil embrasse (s'empare de)
artus fessos.	*leurs* membres fatigués.
Et jam phalanx Argiva	Et déjà la phalange argienne
ibat a Tenedo,	allait de Ténédos,
navibus instructis,	les vaisseaux étant rangés,
per silentia amica	à la faveur du silence ami
lunæ tacitæ,	de la lune muette,
petens littora nota;	gagnant des rivages connus;

Littora nota petens; flammas quum regia puppis
Extulerat, fatisque deum defensus iniquis,
Inclusos utero Danaos et pinea furtim
Laxat claustra Sinon : illos patefactus ad auras
Reddit equus, lætique cavo se robore promunt   260
Thessandrus Sthenelusque duces, et dirus Ulysses,
Demissum lapsi per funem, Acamasque, Thoasque,
Pelidesque Neoptolemus¹, primusque Machaon,
Et Menelaus, et ipse doli fabricator Epeus.
Invadunt urbem somno vinoque sepultam   265
Cæduntur vigiles, portisque patentibus omnes
Accipiunt socios, atque agmina conscia jungunt.
   Tempus erat quo prima quies mortalibus ægris²
Incipit, et dono divum gratissima serpit.
In somnis ecce ante oculos mœstissimus Hector   270
Visus adesse mihi, largosque effundere fletus,
Raptatus bigis, ut quondam, aterque cruento
Pulvere, perque pedes trajectus lora tumentes.

hélas! trop connus. Le vaisseau du roi fit briller en ce moment un
fanal sur sa poupe. Alors Sinon, que protégeaient les dieux et les
destins ennemis, Sinon ouvre secrètement aux Grecs la prison de
sapin qui les enfermait dans ses flancs. Le colosse s'ouvre et les rend
à la lumière. De ses vastes profondeurs s'élancent, avec des transports de joie, et en glissant le long d'un câble, Thessandre, Sthénélus
et l'exécrable Ulysse, suivis bientôt d'Acamas, de Thoas, de Néopto
lème, fils d'Achille, de Machaon, de Ménélas et de l'inventeur du
stratagème, le cruel Épéus. Ils fondent sur cette ville ensevelie dans
le vin et dans le sommeil. Ils massacrent les gardes, s'emparent des
portes, les ouvrent à leurs compagnons et se rallient à leurs bataillons conjurés.
   C'était l'heure où le sommeil, doux présent des dieux, secoue ses
premiers pavots sur les mortels malheureux et fait couler dans leurs
sens ses douces langueurs. Je dormais, et voilà que tout à coup se
dresse devant moi Hector, accablé de tristesse et versant d'abon-
dantes larmes; tel qu'on le vit autrefois traîné au char d'un vainqueur inhumain, le visage souillé d'une poussière sanglante, les pieds
gonfles et traversés par des courroies. Hélas, dans quel état il s'offrait

quum puppis regia	après que la poupe du-roi
extulerat flammas,	eut élevé des flammes (un fanal),
Sinonque, defensus	et que Sinon, protégé
fatis iniquis deum,	par les destins malveillants des dieux
laxat furtim Danaos	relâche furtivement les Grecs
inclusos utero	enfermés dans le ventre *du cheval*
et claustra pinea :	et *ouvre* les clôtures de-pin :
equus patefactus	le cheval ouvert
reddit illos ad auras,	rend ceux-ci aux airs (à la lumière),
letique se promunt	et joyeux ils se tirent
robore cavo,	du chêne creux (des flancs du cheval),
Thessandrus Sthenelusque	Thessandre et Sthénélus
duces,	chefs *des Grecs,*
et dirus Ulysses,	et le cruel Ulysse,
lapsi per funem demissum,	se glissant le long d'une corde jetée en bas,
Acamasque, Thoasque,	et Acamas, et Thoas,
Neoptolemusque Pelides,	et Néoptolème fils-de-Pélée,
Machaonque primus,	et Machaon le premier,
et Menelaus,	et Ménélas,
et fabricator ipse	et le constructeur lui-même
doli,	de la ruse (de la machine),
Epeus.	Épéus.
Invadunt urbem	Ils envahissent la ville
sepultam somno vinoque :	ensevelie dans le sommeil et le vin :
vigiles cæduntur,	les gardes sont massacrés,
portisque patentibus	et, les portes étant-ouvertes,
accipiunt omnes socios,	ils reçoivent tous *leurs* compagnons,
atque jungunt	et ils joignent
agmina conscia.	les bataillons *leurs* complices.
Erat tempus	*C'*était le temps
quo prima quies incipit	où le premier repos commence
mortalibus ægris,	pour les mortels malades (fatigués),
et serpit gratissima	et se glisse *en eux* très-agréable
dono divum.	par un présent des dieux.
In somnis	Dans *mon* sommeil
ecce Hector visus mihi	voilà qu'Hector parut à moi
adesse ante oculos	être-présent devant *mes* yeux
mœstissimus,	très-triste,
effundereque fletus largos,	et verser des pleurs abondants,
raptatus	ayant été traîné
bigis,	par un char-à-deux-chevaux,
ut quondam,	comme autrefois,
atærque pulvere	et noir (souillé) d'une poussière
cruento,	ensanglantée,
trajectusque lora	et traversé de courroies
per pedes tumentes.	à travers *ses* pieds gonflés.
Hei mihi, qualis erat !	Hélas ! à moi, quel (dans quel état) il était !

Hei mihi[1], qualis erat! quantum mutatus ab illo
Hectore, qui redit exuvias indutus Achillis,   27
Vel Danaum Phrygios jaculatus puppibus ignes!
Squalentem barbam, et concretos sanguine crines,
Vulneraque illa gerens quæ circum plurima muros
Accepit patrios. Ultro fiens ipse videbar
Compellare virum, et mœstas expromere voces :   280
« O lux Dardaniæ, spes o fidissima Teucrum,
Quæ tantæ tenuere moræ? Quibus Hector ab oris
Exspectate venis? Ut te post multa tuorum
Funera, post varios hominumque urbisque labores
Defessi adspicimus! Quæ causa indigna serenos   285
Fœdavit vultus? aut cur hæc vulnera cerno? »
    Ille nihil; nec me quærentem vana moratur,
Sed graviter gemitus imo de pectore ducens :
« Heu! fuge, nate dea, teque his, ait, eripe flammis :
Hostis habet muros; ruit alto a culmine Troja.   290
Sat patriæ Priamoque datum. Si Pergama dextra

à nos yeux! qu'il ressemblait peu à cet Hector qui revenait chargé
des dépouilles d'Achille, ou la main fumante des feux phrygiens
qu'il avait lancés sur les vaisseaux des Grecs! Sa barbe était hi-
deuse; un sang noir collait ses cheveux, et il portait encore les
marques des blessures sans nombre qu'il reçut sous les murs de la
patrie. Moi-même alors il me sembla que je versais des larmes et que
je lui adressais ces paroles pleines de tristesse : « O toi, la douce
lumière de la Dardanie! toi, la plus ferme espérance des Troyens,
que ton retour s'est fait attendre! De quelles contrées viens-tu, ô
noble Hector, si longtemps appelé? Après tant de funérailles, lorsque tant de combats et de travaux divers ont épuisé Troie et ses
défenseurs, nous te revoyons; mais, hélas! dans quel état! Quelle
main barbare a défiguré ce visage autrefois si serein, et que m'an-
noncent ces larges blessures? »

    Il ne répond rien et ne s'arrête pas à ces vaines questions; mais
tirant de sa poitrine un profond soupir : « Fuis, me dit-il, ô fils de
Vénus; dérobe-toi aux flammes qui t'environnent. L'ennemi est
maître de ces murs; Troie tombe du faîte de sa grandeur. Tu as
assez fait pour la patrie et pour Priam. Si Pergame eût pu être sau-

quantum mutatus — combien changé (différent)
ab illo Hectore, — de cet Hector,
qui redit indutus — qui revient revêtu
exuvias Achillis, — des dépouilles d'Achille,
vel jaculatus — ou ayant lancé
puppibus Danaum — aux poupes des Grecs
ignes Phrygios! — les feux des Phrygiens !
gerens barbam squalentem, — portant (il portait) une barbe sale,
et crines — et des cheveux
concretos sanguine, — collés par le sang,
illaque vulnera — et ces blessures
quæ accepit plurima — qu'il reçut très-nombreuses
circum muros patrios. — autour des murs de-la-patrie.
Ipse flens ultro — Moi-même pleurant spontanément
videbar — je me paraissais (il me semblait)
compellare virum, — interpeller l'homme (le héros),
et expromere — et proférer
mœstas voces : — de tristes paroles :
« O lux Dardaniæ, — « O lumière de la Dardanie,
o spes fidissima Teucrum, — ô espérance la plus sûre des Troyens,
quæ tantæ moræ tenuere? — quels si grands retards t'ont retenu?
A quibus oris venis, — De quels bords viens-tu,
Hector exspectate? — ô Hector si longtemps attendu?
Ut adspicimus te, — Comme (dans quel état) nous voyons toi,
defessi, — nous fatigués,
post multa funera tuorum, — après de nombreuses funérailles des tiens,
post labores varios — après des travaux divers
hominumque urbisque ! — et des hommes et de la ville!
Quæ causa indigna — Quelle cause indigne
fœdavit vultus serenos? — a défiguré ton visage serein?
aut cur — ou pourquoi
cerno hæc vulnera? » — vois-je ces blessures? »
   Ille nihil; —   Il ne me répond rien;
nec moratur — et il ne s'arrête pas
me quærentem — à moi qui lui demandais
vana, — des choses vaines,
sed ducens graviter gemitus — mais tirant fortement des gémissements
de imo pectore : — du fond de sa poitrine :
« Heu! fuge, nate dea, — « Hélas! fuis, héros né d'une déesse,
eripeque te, ait, — et arrache-toi, dit-il,
his flammis : — à ces flammes :
hostis habet muros; — l'ennemi a (occupe) ces murs;
Troja ruit a culmine alto. — Troie s'écroule de son faîte élevé.
Sat datum — Assez a été donné (fait)
patriæ Priamoque. — à (pour) la patrie et Priam.
Si Pergama possent — Si Pergame avait pu
defendi dextra, — être défendue par un bras

Defendi possent, etiam hac defensa fuissent.
Sacra suosque tibi commendat Troja Penates :
Hos cape fatorum comites; his mœnia quære,
Magna pererrato statues quæ denique ponto. »   295
Sic ait : et manibus vittas, Vestamque potentem,
Æternumque adytis effert penetralibus ignem.

  Diverso interea miscentur mœnia luctu ;
Et magis atque magis (quanquam secreta parentis
Anchisæ domus arboribusque obtecta recessit)   300
Clarescunt sonitus, armorumque ingruit horror.
Excutior somno, et summi fastigia tecti
Ascensu supero, atque arrectis auribus adsto :
In segetem veluti quum flamma furentibus Austris
Incidit, aut rapidus montano flumine torrens   350
Sternit agros, sternit sata læta boumque labores,
Præcipitesque trahit silvas, stupet inscius alto
Accipiens sonitum saxi de vertice pastor.
Tum vero manifesta fides, Danaumque patescunt

vée par le bras d'un mortel, le bras d'Hector l'eût sauvée. Troie te
confie en ce moment ses dieux tutélaires, leurs images sacrées.
Qu'ils deviennent les compagnons de tes destinées. Cherche pour
eux l'abri d'une ville dont tu n'élèveras les murs qu'après avoir tra
versé les mers. » Il dit, et lui-même il m'apporte du sanctuaire de
Vesta la statue de l'auguste déesse, et ses chastes bandelettes, et le
feu éternel qui lui est consacré.

  Cependant le trouble et le deuil se répandent dans nos murs; et
quoique la demeure de mon père Anchise fût placée à l'écart, sous
l'ombrage d'un bois épais, des bruits plus distincts en ont percé
l'enceinte, et de moment en moment l'horrible fracas des armes
s'en rapproche davantage. Je m'arrache brusquement au sommeil,
je monte au faîte du palais, et, l'oreille attentive, j'écoute. Ainsi
quand la flamme, poussée par l'Auster furieux, court en pétillant
dans les moissons, ou qu'un rapide torrent, grossi par les eaux des
montagnes, s'abat dans la vallée, couche sur son passage les riantes
moissons, doux trésor du laboureur, et emporte dans ses ondes les
forêts déracinées, debout sur la cime d'un roc, le berger écoute et
cherche la cause d'un bruit qui le glace d'effroi. Alors se révèle à

fuissent defensa	elle aurait été défendue
etiam hac.	encore *aujourd'hui* par celui-ci.
Troja commendat tibi sacra	Troie confie à toi *ses objets* sacrés
suosque penates :	et ses *dieux* pénates :
cape hos	prends-les
comites fatorum ;	*pour* compagnons de *tes* destinées ;
quære his mœnia,	cherche-leur des murailles,
quæ statues denique	que tu établiras (élèveras) enfin
magna,	grandes (glorieuses),
ponto pererrato. »	la mer ayant été parcourue *par toi*. »
Ait sic :	Il dit ainsi :
et manibus	et de *ses* mains
effert adytis penetralibus	il apporte-hors du sanctuaire retiré
vittas,	les bandelettes,
potentemque Vestam,	et la puissante Vesta,
ignemque æternum.	et le feu éternel.
Interea mœnia miscentur	Cependant les murs sont troublés
luctu diverso ;	par un deuil (des gémissements) divers ;
et magis atque magis	et plus et plus (de plus en plus),
(quanquam domus	quoique la maison
Anchisæ parentis	d'Anchise *mon* père
recessit secreta	soit-retirée séparée *des autres*,
obtectaque arboribus)	et entourée d'arbres)
sonitus clarescunt,	les sons s'éclaircissent,
horrorque armorum	et l'horreur (le bruit horrible) des armes
ingruit.	s'approche-rapidement.
Excutior somno,	Je me secoue de *mon* sommeil,
et supero ascensu	et je gravis en-montant
fastigia tecti summi,	le faîte du toit le plus élevé,
atque adsto	et je me tiens-debout
auribus arrectis :	les oreilles dressées :
veluti, quum flamma	comme, lorsque la flamme
incidit in segetem,	est tombée sur des blés,
Austris furentibus,	les Autans étant-furieux,
aut torrens rapidus	ou qu'un torrent *rendu* rapide
flumine montano	par un flux-d'eau de-la-montagne
sternit agros,	abat (ravage) les champs,
sternit sata læta	abat les semailles riantes
laboresque boum,	et les travaux des bœufs,
trahitque silvas	et entraîne les forêts
præcipites,	précipitées (déracinées),
pastor inscius	le pasteur qui-ignore *la cause de ce bruit*
stupet,	est-dans-la-stupeur,
accipiens sonitum	recevant (entendant) le son
de vertice alto saxi.	de la crête élevée d'un rocher.
Tum vero	Mais alors
fides manifesta,	la vérité *est* évidente,

Insidiæ. Jam Deiphobi[1] dedit ampla ruinam,   310
Vulcano superante, domus; jam proximus ardet
Ucalegon : Sigea igni freta[2] lata relucent.
Exoritur clamorque virum clangorque tubarum.
Arma amens capio ; nec sat rationis in armis ;
Sed glomerare manum bello, et concurrere in arcem   315
Cum sociis ardent animi : furor iraque mentem
Præcipitant, pulchrumque mori succurrit in armis.
   Ecce autem telis Panthus elapsus Achivum,
Panthus Othryades, arcis Phœbique sacerdos,
Sacra manu, victosque deos, parvumque nepotem   320
Ipse trahit, cursuque amens ad limina tendit.
« Quo res summa[3] loco, Panthu? quam prendimus arcem? »
Vix ea fatus eram, gemitu quum talia reddit :
« Venit summa dies et ineluctabile tempus

---

moi l'horrible vérité : le stratagème des Grecs est dévoilé. Déjà le
vaste palais de Déiphobe s'est abîmé dans les flammes; déjà, tout
près de là, le feu dévore la maison d'Ucalégon. Les lueurs de l'incendie éclairent au loin le détroit de Sigée. Partout retentissent et les
cris des guerriers, et le son des trompettes. Hors de moi, je prends
mes armes sans savoir quel secours j'en puis attendre. Mais enfin je
brûle de rassembler une troupe de braves et de me jeter avec eux
dans la citadelle. La fureur et la colère emportent toute réflexion ;
cette pensée seule est présente à mon esprit : il est beau de mourir
les armes à la main.
   Mais voilà qu'échappé non sans peine aux traits des Grecs, Panthée, fils d'Othrys, prêtre de la citadelle et du temple d'Apollon,
accourt éperdu dans le palais de mon père, portant d'une main les
dieux vaincus et les objets sacrés, et conduisant de l'autre son
petit-fils. « Panthée, m'écriai-je, où en sommes-nous? avons-nous
encore la citadelle? » J'achevais ces mots à peine, il me répond
d'une voix gémissante : « Il est venu le jour suprême, le terme fatal de

insidiæque Danaum
patescunt.
Jam ampla domus
Deiphobi
dedit ruinam,
Vulcano superante ;
jam Ucalegon
proximus
ardet ;
lata freta Sigea
relucent igni.
Exoritur
clamorque virum
clangorque tubarum.
Amens capio arma,
nec
sat rationis
in armis ;
sed animi ardent
glomerare manum bello,
et concurrere in arcem
cum sociis ;
furor iraque
præcipitant mentem,
succurritque
pulchrum mori in armis.
 Ecce autem Panthus,
elapsus telis Achivum,
Panthus Othryades,
sacerdos arcis Phœbique,
trahit ipse manu
sacra, deosque victos,
parvumque nepotem,
amensque
tendit cursu
ad limina.
« Quo loco
res summa,
Panthu ?
quam arcem
prendimus ? »
Vix fatus eram ea,
quum reddit talia
gemitu :
« Venit dies summa
et tempus ineluctabile
Dardaniæ !

et les embûches des Grecs
se découvrent.
Déjà la vaste maison
de Déiphobe
a donné ruine (s'est écroulée),
Vulcain (le feu) s'élevant-au-dessus d'elle
déjà Ucalégon
le plus proche voisin de Déiphobe
est-en-flammes ,
le large détroit de-Sigée
reluit par le feu (réfléchit le feu).
En même temps s'élève
et le cri des guerriers
et le son des clairons.
Hors-de-moi je prends les armes,
et il n'était pas à moi   [compte)
assez de raison (je ne me rendais pas
de ce que je pouvais faire avec les armes ;
mais mes sens brûlent
de rassembler une troupe pour la guerre,
et de courir à la citadelle
avec mes compagnons ;
l'égarement et la colère
précipitent (emportent) mon esprit,
et cette pensée se présente à moi
qu'il est beau de mourir en armes.
 Mais voici que Panthée,
échappé aux traits des Achéons,
Panthée fils-d'Othrys,
prêtre de la citadelle et de Phébus,
emporte lui-même de sa main
les objets sacrés, et les dieux vaincus,
et son jeune petit-fils,
et hors-de-lui
se dirige à la course (en courant)
vers le seuil de ma demeure.
« Dans quel lieu (en quel état)
est l'affaire capitale (le sort de Troie),
ó Panthée ?
quelle citadelle   [citadelle)? »
occupons-nous (occupons-nous encore la
A peine avais-je dit ces mots,
lorsqu'il rend (répond) des paroles telles
avec un gémissement :
« Il est venu le jour suprême
et le temps inévitable (l'heure fatale)
de la Dardanie !

Dardaniæ! fuimus Troes; fuit Ilium; et ingens 325
Gloria Teucrorum : ferus omnia Jupiter Argos
Transtulit; incensa Danai dominantur in urbe.
Arduus armatos mediis in mœnibus adstans
Fundit equus; victorque Sinon incendia miscet
Insultans. Portis alii bipatentibus adsunt, 330
Millia quot magnis unquam venere Mycenis.
Obsedere alii telis angusta viarum
Oppositi; stat ferri acies mucrone corusco
Stricta, parata neci : vix primi prælia tentant
Portarum vigiles, et cæco Marte resistunt. » 335
Talibus Othryadæ dictis et numine divum
In flammas et in arma feror, quo tristis Erinnys,
Quo fremitus vocat et sublatus ad æthera clamor.
Addunt se socios Ripheus et maximus armis
Æpitus, oblati per lunam; Hypanisque, Dymasque; 340

nos grandeurs ! C'en est fait d'Ilion et de sa gloire : Troie n'est plus.
Argos triomphe; l'impitoyable Jupiter y a transporté tout ce qu'il
nous ôte ; les Grecs sont partout les maîtres dans la ville embrasée.
Le fatal colosse, fièrement debout au sein de nos remparts, vomit
des bataillons armés. Sinon vainqueur, Sinon, une torche à la
main, allume sur tous les points l'incendie et insulte à notre crédulité. Ici, par nos portes ouvertes, les ennemis arrivent en plus
grand nombre qu'il n'en vint jamais de la populeuse Mycènes; là,
des rangs épais de soldats hérissent chaque passage d'une forêt de
lances et d'épées étincelantes, prêtes à donner la mort. A peine la
garde avancée tente de défendre nos portes et oppose dans l'ombre
une résistance inutile. Excité par ces paroles, entraîné par les
dieux, je m'élance, je cours me jeter au milieu des flammes et des
traits ennemis, partout où m'emporte une aveugle furie, partout
où m'appellent le bruit des armes, le tumulte et les cris poussés
jusqu'aux cieux. Bientôt se joignent à moi Riphée et le valeureux
Épitus. Bientôt aussi je reconnais, aux pâles lueurs de la lune,
Hypanis et Dymas qui se rangent à nos côtés, ainsi que le jeune

Troes
fuimus ;
Ilium fuit,
et ingens gloria
Teucrorum :
ferus Jupiter
transtulit omnia Argos ;
Danai dominantur
in urbe incensa.
Equus arduus,
adstans
in mediis mœnibus,
fundit armatos,
Sinonque victor
miscet incendia,
insultans.
Alii adsunt,
portis bipatentibus,
millia quot
venere unquam
magnis Mycenis.
Alii oppositi
obsedere
angusta viarum ;
acies ferri
mucrone corusco
stat stricta,
parata neci :
vix primi vigiles
portarum
tentant prælia, et resistunt,
Marte
cæco. »
 Talibus dictis Othryadæ
et numine divum,
feror in flammas
et in arma,
quo vocat tristis Erinnys,
quo fremitus,
et clamor
sublatus ad æthera.
Ripheus, et Æpitus
maximus armis,
oblati per lunam,
se addunt socios,
Hypanisque Dymasque ;
 agglomerantque

Nous, Troyens,
nous avons été (nous ne sommes plus);
Ilîon a été (n'est plus),
et (non plus que) la grande gloire
des Troyens :
le cruel Jupiter
a transporté tout à Argos ;
les Grecs dominent
dans la ville embrasée.
Le cheval élevé,
se tenant-debout
au milieu des remparts,
verse (vomit) des *hommes* armés,
et Sinon vainqueur
mêle (allume de tous côtés) les incendies,
insultant *à notre crédulité.*
D'autres arrivent,
les portes étant ouvertes-à-deux-battants
autant de milliers (aussi nombreux) que
ils vinrent jamais
de la grande Mycènes.
D'autres placés-en-face
ont assiégé (occupent)
les *passages* étroits des rues ;
le tranchant du fer
avec *sa* pointe brillante
se tient serré (tiré),
prêt à *donner* la mort ;
à peine les premières sentinelles
des portes
essayent le combat, et résistent,
Mars (la lutte)
étant obscure (dans les ténèbres). »
 Par de telles paroles du fils-d'Othrys
et par la volonté des dieux,
je suis emporté au milieu des flammes
et au milieu des armes,
où *m'*appelle la triste Erinnys,
où *m'appelle* le bruit,
et les cris
élevés dans l'air
Riphée, et Épitus
très-grand dans les armes,
offerts *à mes yeux* grâce à la lune,
s'ajoutent *à moi comme* compagnons,
et Hypanis et Dymas
et ils s'attroupent

Et lateri agglomerant nostro, juvenisque Corœbus
Mygdonides. Illis ad Trojam forte diebus
Venerat, insano Cassandræ incensus amore,
Et gener auxilium Priamo Phrygibusque ferebat.
Infelix, qui non sponsæ præcepta furentis   345
Audieril!

    Quos ubi confertos audere in prælia vidi,
Incipio super his : « Juvenes, fortissima frustra
Pectora, si vobis audentem extrema cupido est
Certa sequi, quæ sit rebus fortuna videtis :   350
Excessere omnes, adytis arisque relictis,
Di, quibus imperium hoc steterat; succurritis urbi
Incensæ : moriamur, et in media arma ruamus.
Una salus victis, nullam sperare salutem. »
Sic animis juvenum furor additus. Inde, lupi ceu   355
Raptores atra in nebula, quos improba ventris
Exegit cæcos rabies, catulique relicti
Faucibus exspectant siccis, per tela, per hostes

Corèbe, fils de Mygdon, Corèbe qui, dans ce jour funeste, était
venu à Troie, épris d'un fol amour pour Cassandre. Il demandait
sa main, et il avait apporté, comme gendre, des secours à Priam
et aux Phrygiens : malheureux, de n'avoir pas voulu croire aux
avis d'une amante inspirée !

    Les voyant réunis autour de moi et pleins d'ardeur pour le com-
bat : « Guerriers, leur dis-je, vous portez vainement un cœur
noble et courageux ; le courage est maintenant inutile. Vous voyez
où nous a réduits la fortune : ils se sont retirés de nous, ils ont
abandonné leurs autels et leurs temples, les dieux par qui subsistait
cet empire, et vous ne défendez plus que des ruines fumantes. Si
vous êtes, comme moi, résolus à tenter les derniers hasards, mourons, jetons-nous au milieu des glaives ennemis. Le seul salut des
vaincus est de ne point espérer de salut. » A ces mots leur courage
se change en fureur. Alors, tels que des loups ravisseurs que par
une nuit de noirs frimas fait sortir de leur repaire la faim dévorante
et qu'attendent leurs petits altérés de carnage, nous courons à travers

nostro lateri,
juvenisque Corœbus
Mygdonides.
Venerat ad Trojam
illis diebus forte,
incensus amore insano
Cassandræ,
et gener
ferebat auxilium
Priamo Phrygibusque.
Infelix,
qui non audierit
præcepta sponsæ
furentis !
  Quos ubi vidi confertos
audere in prælia,
incipio super
his :
« Juvenes,
pectora fortissima rustra,
si cupido certa vob s
sequi audentem
extrema,
videtis quæ fortuna
sit rebus:
omnes di,
quibus hoc imperium
steterat,
excessere,
adytis arisque
relictis;
succurritis
urbi incensæ:
moriamur,
et ruamus in media arma.
Una salus victis,
sperare nullam salutem. »
Sic furor additus
animis juvenum.
Inde, ceu lupi raptores
in atra nebula,
quos exegit
cæcos
rabies improba ventris,
catulique relicti
exspectant faucibus siccis,
per tela, per hostes.

à notre côté,
et le jeune Corèbe
fils-de-Mygdon.
Il était venu à Troie
ces jours-là par hasard,
enflammé d'un amour insensé
de (pour) Cassandre,
et *en qualité de* gendre
il apportait du secours
à Priam et aux Phrygiens.
Infortuné,
qui n'écouta pas
les recommandations de *sa* fiancée
hors-d'elle-même (inspirée) !
  Lesquels dès que je vis serrés (réunis)
être-pleins-d'audace pour les combats,
je commence de plus *à les exhorter*
en ces *termes :*
« Jeunes-guerriers,
cœurs très-courageux *mais* inutilement,
si un désir arrêté *est* à vous
de suivre un *homme* qui ose
des *actions* extrêmes,
vous voyez quelle fortune
est à *nos* affaires :
tous les Dieux,
à l'aide desquels cet empire
s'était-maintenu-debout,
se sont retirés,
leurs sanctuaires et *leurs* autels
ayant été abandonnés *par eux*;
vous portez-secours
à une ville incendiée;
mourons,
et jetons-nous au milieu des armes.
*Il n'est qu'*un seul salut pour des vaincus
c'*est* de n'espérer aucun salut. »
Ainsi l'enthousiasme *fut* introduit
aux cœurs de *ces* jeunes-guerriers.
De là, comme des loups ravisseurs
au milieu d'un noir brouillard,
qu'a fait sortir
aveugles (dans l'obscurité)
la rage cruelle de *leur* ventre,
et *que leurs* petits abandonnés
attendent avec des gosiers secs (affamés),
à travers les traits, à travers les ennemis.

Vadimus haud dubiam in mortem, mediæque tenemus
Urbis iter. Nox atra cava circumvolat umbra.   360
 Quis cladem illius noctis, quis funera fando
Explicet, aut possit lacrymis æquare labores?
Urbs antiqua ruit, multos dominata per annos :
Plurima perque vias sternuntur inertia passim
Corpora, perque domos, et religiosa deorum   365
Limina. Nec soli pœnas dant sanguine Teucri :
Quondam etiam victis redit in præcordia virtus;
Victoresque cadunt Danai. Crudelis ubique
Luctùs, ubique pavor, et plurima mortis imago.
 Primus se, Danaum magna comitante caterva, 370
Androgeos offert nobis, socia agmina credens
Inscius, atque ultro verbis compellat amicis :
« Festinate, viri ; nam quæ tam sera moratur
Segnities ! Alii rapiunt incensa feruntque
Pergama : vos celsis nunc primum a navibus itis ! » 375

les traits, à travers la mêlée, à une mort certaine. Nous arrivons
au milieu de la ville; une nuit épaisse nous enveloppe de son ombre.
 Nuit de sang, nuit de deuil! quelle voix pourrait redire tant
de funérailles! quels yeux auraient assez de larmes pour de tels
malheurs! Elle s'écroule, elle tombe la ville antique si longtemps
souveraine. Des milliers de cadavres jonchent ses rues, ses maisons,
le parvis sacré de ses temples. Toutefois les Troyens seuls ne rou-
gissent pas de leur sang la poussière; quelquefois le courage se
réveille au cœur des vaincus, et sous leur fer vengeur le Grec vainqueur tombe à son tour. Partout le deuil, la désolation, l'épouvante:
partout la mort et ses horribles images.
 Le premier des Grecs qui s'offre à nous est Androgée, suivi d'un
nombreux bataillon. L'imprudent croit voir en nous des frères
d'armes, et dans son erreur il nous adresse ces confiantes paroles :
« Guerriers, hâtez-vous! d'où vient cette lenteur, et qui vous arrête?
Déjà tant d'autres, animés au butin, emportent les dépouilles d'Ilion
en flammes, et vous, vous descendez seulement de vos vaisseaux! »

vadimus
in mortem haud dubiam,
tenemusque iter
mediæ urbis.
Nox atra circumvolat
umbra cava.

Quis explicet fando
cladem illius noctis,
quis
funera,
aut possit lacrymis
æquare labores?
Urbs antiqua ruit,
dominata
per multos annos;
corpora inertia
sternuntur plurima
passim.
perque vias, perque domos,
et limina religiosa deorum.
Nec Teucri soli
dant pœnas
sanguine :
quondam etiam virtus
redit in præcordia victis,
Danaique victores cadunt.
Ubique luctus crudelis,
ubique pavor,
et imago plurima mortis.

Androgeos primus
se offert nobis,
magna caterva Danaum
comitante,
credens
agmina socia,
inscius,
atque ultro compellat
verbis amicis :
« Festinate, viri ;
nam quæ segnities tam sera
moratur ?
Alii rapiunt feruntque
Pergama incensa :
vos itis
a navibus celsis
nunc
primum ! »

nous marchons
à une mort non douteuse,
et nous tenons (suivons) le chemin
du milieu de la ville.
La nuit noire vole-autour *de nous*
avec *son* ombre creuse (qui nous enferme).

Qui pourrait dérouler en parlant
le désastre de cette nuit,
qui *pourrait raconter*
les funérailles (les meurtres),
ou pourrait par *ses* larmes
égaler *de tels* travaux (de tels malheurs)?
Une ville antique s'écroule,
qui avait dominé
pendant de nombreuses années ;
des corps sans-mouvement
sont étendus très-nombreux
çà et là,
et par les rues, et par les maisons,
et sur les seuils sacrés des dieux
Et *ce ne sont* pas les Troyens seuls
qui donnent des peines
par *leur* sang *versé* :
quelquefois aussi le courage
rentre dans le cœur aux vaincus,
et les Grecs vainqueurs tombent.
Partout le deuil cruel,
partout la crainte,
et l'image multipliée de la mort.

Androgée le premier
s'offre à nous,
une grande troupe de Grecs
*l'*accompagnant,
nous croyant
des bataillons alliés,
ne-sachant-pas *qui nous étions,*
et de lui-même il *nous* interpelle
avec des paroles amies :
« Hâtez-vous, guerriers ;
car quelle nonchalance si lente
vous retarde ?
D'autres ravissent et emportent (pillent
Pergame incendiée :
vous, vous allez (vous venez)
de   vaisseaux élevés
maintenant
pour la première fois (seulement) ! »

Dixit, et extemplo (neque enim responsa dabantur
Fida satis) sensit medios delapsus in hostes.
Obstupuit, retroque pedem cum voce repressit.
Improvisum aspris veluti qui sentibus anguem
Pressit humi nitens, trepidusque repente refugit   380
Attollentem iras, et cærula colla tumentem :
Haud secus Androgeos visu tremefactus abibat.
Irruimus, densis et circumfundimur armis;
Ignarosque loci passim et formidine captos
Sternimus. Adspirat primo fortuna labori.   385

    Atque hic successu exsultans animisque Corœbus :
« O socii, qua prima, inquit, fortuna salutis
Monstrat iter, quaque ostendit se dextra, sequamur.
Mutemus clypeos, Danaumque insignia nobis
Aptemus: dolus, an virtus, quis in hoste requirat[1]?   390
Arma dabunt ipsi. » Sic fatus, deinde comantem
Androgei galeam, clypeique insigne decorum

Il dit, et soudain à nos réponses mal assurées, il s'aperçoit qu'il est
tombé dans un parti ennemi. Frappé de stupeur, il se rejette en arrière,
il retient ses pas et sa voix. Ainsi le voyageur, dont le pied a foulé
par mégarde un serpent caché sous les ronces, recule épouvanté à
l'aspect du reptile dressant devant lui son cou noirâtre que gonfle la
colère Tel Androgée recule pâle et tremblant. Nous fondons sur sa
troupe, et l'enveloppons de nos armes serrées. La terreur, la surprise, l'ignorance des lieux nous les livrent : ils tombent sous nos
coups. La fortune sourit à ce premier effort.

    Alors Corèbe, exalté par ce succès et enflammé par son courage :
« Amis, dit-il, suivons la route que nous montre la fortune. Sa
faveur est pour nous ; profitons-en. Changeons de boucliers; cou-
vrons-nous de l'armure des Grecs. Ruse ou valeur, qu'importe entre
ennemis ? Les Grecs eux-mêmes nous fourniront des armes. »
En disant ces mots il couvre sa tête du casque et du panache

Dixit, et extemplo
(neque enim responsa
satis fida
dabantur)
sensit delapsus
in medios hostes.
Obstupuit,
repressitque pedem retro
cum voce.
Veluti qui
in sentibus aspris
nitens humi
pressit anguem
improvisum,
trepidusque
refugit repente
attollentem iras,
et tumentem colla cærula:
haud secus
Androgeus abibat
tremefactus visu.
Irruimus,
et circumfundimur
armis densis;
sternimusque passim
Ignaros loci
et captos formidine.
Fortuna adspirat
primo labori.

Atque hic Corœbus,
exsultans successu
animisque :
«O socii, inquit, sequamur,
qua prima fortuna
monstrat iter salutis,
quaque se ostendit
dextra.
Mutemus clypeos,
aptemusque nobis
insignia Danaum :
quis requirat in hoste,
dolus, an virtus?
Ipsi dabunt arma. »
Fatus sic,
induitur deinde
galeam comantem
Androgei

Il dit, et aussitôt,
car en effet des réponses
assez sûres
ne *lui* étaient pas données,
il s'aperçut étant (qu'il était) tombé
au milieu des ennemis.
Il resta stupéfait,
et il retira son pied en arrière
avec *sa* voix (en retenant sa voix).
Comme celui qui
dans des buissons épineux
s'appuyant sur la terre
a foulé un serpent
non-vu-auparavant,
et tremblant
a fui-en-arrière aussitôt *devant lui*
qui dresse *ses* colères (se dresse en colère),
et qui se gonfle par *son* cou bleuâtre;
non différemment (de même)
Androgée s'en allait
épouvanté à *notre* vue.
Nous nous précipitons,
et nous nous répandons-autour *de lui*
avec *nos* armes serrées;
et nous étendons çà et là
les Grecs sans-connaissance du lieu
et saisis de frayeur.
La fortune seconde
notre premier effort.

Et alors Corèbe,
transporté par le succès
et par *son* courage :
« Ô compagnons, dit-il, suivons,
par où *notre* première fortune
nous indique la route du salut,
et par où elle se montre
étant à-droite (favorable).
Changeons *nos* boucliers,
et ajustons-nous
les insignes des Grecs :
qui pourrait rechercher dans un ennemi.
si c'est ruse, ou courage?
Eux-mêmes *nous* donneront des armes.
Ayant parlé ainsi;
il se revêt ensuite
du casque à-crinière
d'Androgée

Induitur, laterique Argivum accommodat ensem.
Hoc Ripheus, hoc ipse Dymas, omnisque juventus
Læta facit; spoliis se quisque recentibus armat.   395
Vadimus immixti Danais, haud numine nostro,
Multaque per cæcam congressi prælia noctem
Conserimus; multos Danaum demittimus Orco.
Diffugiunt alii ad naves, et littora cursu
Fida petunt; pars ingentem formidine turpi   400
Scandunt rursus equum, et nota conduntur in alvo.
Heu nihil invitis fas quemquam fidere divis!
   Ecce trahebatur passis Priameia virgo
Crinibus a templo Cassandra adytisque Minervæ,
Ad cœlum tendens ardentia lumina frustra,   405
Lumina, nam teneras arcebant vincula palmas.
Non tulit hanc speciem furiata mente Corœbus,
Et sese medium injecit periturus in agmen.
Consequimur cuncti, et densis incurrimus armis.
Hic primum ex alto delubri culmine telis   410

d'Androgée, revêt son brillant bouclier et ceint l'épée du guerrier d'Argos. Riphée et Dymas, et tous les nôtres, imitent avec joie cet exemple. Chacun s'arme de son récent trophée. Nous marchons, nous nous mêlons aux Grecs, en invoquant des dieux qui n'étaient pas pour nous. Livrant, dans les ténèbres, de fréquents combats, nous faisons descendre chez les morts une foule d'Argiens. Les autres se sauvent en désordre sur leurs vaisseaux et cherchent un abri vers le rivage, ou, poussés par une honteuse frayeur, escaladent de nouveau le monstrueux cheval et se cachent dans ses flancs, refuge qui leur est connu. Mais, hélas! que peut-on espérer de la fortune quand on a les dieux contre soi?

   Voilà que tout à coup s'offre à nos regards Cassandre, la vierge inspirée, fille de Priam, arrachée, les cheveux épars, du sanctuaire de Minerve, et levant au ciel ses yeux enflammés de colère... ses yeux, car des fers enchaînent ses faibles mains. Corèbe ne peut soutenir ce spectacle: tout entier à sa passion, il se précipite, sûr de mourir, au milieu des ravisseurs de son amante. Nous nous élançons tous sur ses pas, et nous nous jetons au plus épais de la mêlée. Mais alors, ô fatale erreur, les Troyens, abusés par nos armures, par nos panaches grecs, font pleuvoir sur nous

et insigne decorum clypei,
accommodatque lateri
ensem Argivum.
Ripheus facit hoc,
Dymas ipse hoc,
omnisque juventus læta;
quisque se armat
spoliis recentibus.
Vadimus immixti Danais,
numine
haud nostro,
congressique
conserimus multa prælia
per noctem cæcam;
demittimus Orco
multos Danaum.
Alii diffugiunt
ad naves,
et petunt cursu
littora fida;
pars formidine turpi
scandunt rursus
ingentem equum,
et conduntur in alvo nota.
Heu! fas nihil
quemquam fidere
divis invitis!
  Ecce virgo Priameia,
Cassandra,
trahebatur crinibus passis
a templo
adytisque Minervæ,
tendens frustra ad cœlum
lumina ardentia,
lumina,
nam vincula arcebant
palmas teneras.
Corœbus mente furiata
non tulit hanc speciem,
et sese injecit periturus
in medium agmen.
Consequimur cuncti,
et incurrimus
armis densis.
Hic primum
  culmine alto delubri
obruimur

et de la parure brillante de *son* bouclier,
et il adapte à *son* côté
une épée argienne.
Riphée fait cela *aussi*,
Dymas lui-même *fait* cela,
et toute la jeunesse joyeuse;
chacun s'arme
de *ces* dépouilles récentes.
Nous marchons mêlés aux Grecs,
la divinité
n'*étant* pas nôtre (nous étant contraire)
et ayant abordé *l'ennemi*
nous engageons de nombreux combats
pendant la nuit obscure;
nous faisons-descendre chez Orcus
beaucoup des Grecs.
Les uns s'enfuient-en-désordre
vers *leurs* vaisseaux,
et gagnent à la course
les rivages sûrs (où ils sont en sûreté)
une partie par une frayeur honteuse
escaladent de nouveau
le grand cheval,
et se cachent dans *son* ventre connu *d'eux*
Hélas! *il* n'*est* permis nullement
personne avoir-confiance   [dieux)!
les dieux ne-*le*-voulant-pas (malgré les
  Voilà que la vierge fille-de-Priam,
Cassandre,
était traînée les cheveux épars
loin du temple
et du sanctuaire de Minerve,
élevant en vain au ciel
ses yeux ardents,
ses yeux,
car des liens comprimaient
ses mains délicates.
Corèbe l'esprit transporté-de-fureur
ne supporta pas cette vue,
et se jeta devant périr
au milieu de la troupe.
Nous *le* suivons-ensemble tous,
et nous courons-sur *les Grecs*
avec des armes serrées (en rangs serrés).
Ici (alors) pour la première fois
du faîte élevé d'un temple
nous sommes accablés

Nostrorum obruimur, oriturque miserrima cædes
Armorum facie et Graiarum errore jubarum.
Tum Danai, gemitu atque ereptæ virginis ira,
Undique collecti invadunt, acerrimus Ajax,
Et gemini Atridæ, Dolopumque exercitus omnis.   415
Adversi rupto ceu quondam turbine venti
Confligunt Zephyrusque, Notusque, et lætus Eois
Eurus equis : stridunt silvæ, sævitque tridenti
Spumeus atque imo Nereus ciet æquora fundo.
Illi etiam, si quos obscura nocte per umbram   420
Fudimus insidiis, totaque agitavimus urbe,
Apparent : primi clypeos mentitaque tela
Agnoscunt, atque ora sono discordia signant.
Illicet obruimur numero ; primusque Corœbus,
Penelei dextra, divæ armipotentis ad aram,   425
Procumbit ; cadit et Ripheus, justissimus unus
Qui fuit in Teucris, et servantissimus æqui :

du haut du temple une grêle de traits, et font dans nos rangs un
affreux carnage. En même temps ceux des Grecs à qui nous avons
enlevé leur captive, voulant la reprendre et venger leur affront,
fondent sur nous et nous enveloppent de toutes parts. C'est le bouillant Ajax, ce sont les deux Atrides, c'est l'armée tout entière des
Dolopes. Ainsi parfois dans les champs de l'air, se déchaînant en
rapides tourbillons, et soufflant des points opposés, se heurtent, se
choquent les vents rivaux, et le Zéphyre, et le Notus, et l'Eurus,
fier de monter les coursiers de l'Aurore. Les forêts font entendre
d'horribles craquements ; Nérée, sous son trident redoutable, fait
bouillonner les ondes et bouleverse la mer jusqu'en ses plus profonds abîmes. Ceux mêmes qu'au milieu des ombres de la nuit
nous avions, grâce à notre stratagème, surpris et chassés devant
nous à travers la ville, reparaissent et sont les premiers à recon-
naître sous notre déguisement grec nos armes empruntées, et les
traits et la langue des Phrygiens. Nous sommes donc accablés par
le nombre. Corèbe le premier, atteint par la main de Pénélée, va
tomber devant l'autel de la redoutable déesse de la guerre. Riphée
tombe aussi ; Riphée, le plus juste, le plus religieux des Troyens : sa
vertu ne trouva pas grâce devant les immortels ! Hypanis et Dymas

telis nostrorum ,	par les traits des nôtres,
cædesque miserrima oritur,	et un carnage très-déplorable commence,
facie armorum	*causé* par l'aspect de *nos* armes
et errore	et par l'erreur (la fausse apparence)
jubarum Graiarum.	de *nos* panaches grecs.
Tum Danai ,	Alors les Grecs,
gemitu atque ira	avec des gémissements et avec colère
virginis	à *cause* de la jeune-fille
ereptæ ,	ravie *à eux par Corèbe,*
collecti undique invadunt,	rassemblés de tous côtés fondent-sur *nous,*
acerrimus Ajax ,	*et* le très-bouillant Ajax ,
et gemini Atridæ,	et les deux Atrides,
omnisque exercitus	et toute l'armée
Dolopum.	des Dolopes.
Ceu quondam	Comme quelquefois
venti adversi confligunt	les vents opposés se heurtent
turbine rupto ,	*leur* tourbillon étant lancé-avec-force.
Zephyrusque, Notusque ,	et le Zéphyre, et le Notus,
et Eurus lætus	et l'Eurus joyeux (fier)
equis Eois :	de *ses* chevaux de-l'Orient;
silvæ stridunt,	les forêts craquent,
Nereusque spumeus	et Nérée couvert-d'écume
sævit tridenti,	sévit de *son* trident,
atque ciet æquora	et remue les mers
fundo imo.	dans *leur* fond le plus bas.
Illi etiam apparent,	Ceux-là aussi apparaissent, [uns
si fudimus quos	si nous *en* avons mis-en-déroute quelques-
insidiis	par *nos* embûches
nocte obscura	dans la nuit obscure
per umbram ,	à la faveur de l'ombre,
agitavimusque	et *si* nous *en* avons poursuivi *quelques-uns*
tota urbe :	par toute la ville ;
primi agnoscunt clypeos	les premiers ils reconnaissent *nos* boucliers
telaque mentita ,	et *nos* traits menteurs,
atque signant ora	et ils remarquent *nos* bouches (nos voix)
discordia sono.	en-désaccord *avec les leurs* par le son.
Ilicet obruimur numero;	Aussitôt nous sommes écrasés par le nom
Corœbusque primus	et Corèbe le premier [bre.
procumbit dextra Sthenelei,	tombe sous la droite de Sthénélée,
ad aram	auprès de l'autel
divæ armipotentis ;	de la déesse puissante par-les-armes;
et Ripheus cadit ,	Riphée aussi tombe,
qui fuit in Teucris	*lui* qui fut parmi les Troyens
unus justissimus,	seul *de tous* le plus juste,
et servantissimus æqui :	et le plus exact-observateur de l'équité :
visum Dis	il plut aux Dieux (les Dieux décidèrent)
aliter !	autrement !

Dis aliter visum ! Percunt Hypanisque, Dymasque,
Confixi a sociis ; nec te tua plurima, Panthu,
Labentem pietas nec Apollinis infula texit.   430
Iliaci cineres, et flamma extrema meorum !
Testor, in occasu vestro, nec tela nec ullas
Vitavisse vices Danaum ; et, si fata fuissent
Ut caderem, meruisse manu. Divellimur inde,
Iphitus et Pelias mecum (quorum Iphitus ævo   435
Jam gravior, Pelias et vulnere tardus Ulyssei),
Protinus ad sedes Priami clamore vocati.

   Hic vero ingentem pugnam, ceu cetera nusquam
Bella forent, nulli tota morerentur in urbe,
Sic Martem indomitum, Danaosque ad tecta ruentes   440
Cernimus, obsessumque acta testudine limen.
Hærent parietibus scalæ, postesque sub ipsos
Nituntur gradibus, clypeosque ad tela sinistris
Protecti objiciunt ; prensant fastigia dextris.
Dardanidæ contra turres ac tecta domorum   445

expirent immolés par nos compagnons. Toi-même, ô Panthée, tu
meurs aussi, et ni ton respect envers les dieux, ni la tiare d'Apollon, ne peuvent te soustraire au trépas. Cendres d'Ilion, bûchers
funèbres des miens ! soyez à jamais témoins que dans cette nuit
dernière de ma patrie, je n'ai évité ni les traits des Grecs, ni aucun
des hasards des combats, et que si mon destin eût été de mourir, j'ai
mérité par mon courage de tomber avec gloire. Nous nous arra-
chons de ces lieux, Iphitus, Pélias et moi ; Iphitus, appesanti par
les ans, Pélias, blessé par Ulysse et se traînant sur nos pas. Des
cris redoublés nous appellent vers la demeure de Priam.
   La guerre déployait là toutes ses fureurs, comme si la guerre
n'eût été que sur ce point, et que le reste de la ville eût joui d'une
paix profonde, tant la lutte était acharnée, tant les Grecs se
ruaient ardents contre le palais. Le bélier en assiége le seuil ; au
devant des portes mêmes et s'appuyant sur les degrés, se dressent le
long des murs des échelles. Les Grecs opposent d'une main
à nos dards l'airain de leur bouclier, et de l'autre s'attachent
au faîte de l'édifice. Les fils de Dardanus, de leur côté, s'arment

Hypanisque Dymasque pereunt	Et Hypanis et Dymas périssent
confixi a sociis;	percés par *leurs* compagnons ;
nec tua plurima pietas,	ni ton extrême piété,
nec infula Apollinis	ni le bandeau d'Apollon
texit, Panthu,	n'a couvert (protégé), ô Panthée,
te labentem.	toi tombant.
Cineres Iliaci,	Cendres d'-Ilion
et flamma extrema	et flamme suprême
meorum !	des miens (qui a détruit les miens) !
testor,	je *vous* prends-à-témoin,
in vestro occasu,	dans votre chute,
vitavisse nec tela	*moi* n'avoir évité ni les traits,
nec ullas vices Danaum,	ni aucunes chances (ni les coups des
et si fata fuissent	et si *mes* destinées avaient été [Grecs ;
ut caderem,	que je tombasse,
meruisse	*l'*avoir mérité
manu.	par ma main (par mon courage).
Divellimur inde,	Nous sommes écartés de là,
Iphitus et Pelias mecum	Iphitus et Pélias avec moi
(quorum Iphitus	(desquels Iphitus
jam gravior ævo,	déjà plus pesant par l'âge,
et Pelias tardus	et Pélias ralenti
vulnere Ulyssei)	par une blessure *reçue* d'Ulysse*)*,
vocati protinus clamore	appelés aussitôt par les cris
ad sedes Priami.	vers la demeure de Priam.
Hic vero	Mais là *nous voyons*
ingentem pugnam,	un grand combat,
ceu cetera bella	comme si les autres luttes
forent nusquam,	n'étaient nulle part (n'existaient pas),
nulli morerentur	*comme si* aucuns ne mouraient
in tota urbe,	dans toute la ville,
sic cernimus. Martem	à tel point nous voyons Mars (le combat)
indomitum,	indompté (acharné),
Danaosque ruentes	et les Grecs se précipitant
ad tecta,	vers les toits,
limenque obsessum	et le seuil assiégé
testudine acta.	par la tortue poussée-en-avant.
Scalæ hærent parietibus,	Des échelles sont-appliquées aux murs
subque postes ipsos	et devant les portes mêmes
nituntur gradibus,	ils s'appuient sur les degrés,
protectique	et protégés (pour se protéger,
objiciunt sinistris	ils opposent avec *leurs mains* gauches
clypeos ad tela;	*leurs* boucliers aux traits ;
dextris prensant fastigia.	de *leurs* droites ils saisissent le faîte.
Dardanidæ contra	Les descendants-de Dardanus de leur côté
convellunt turres	arrachent les tours

Culmina convellunt : his se, quando ultima cernunt,
Extrema jam in morte ' parant defendere telis,
Auratasque trabes, veterum decora alta parentum,
Devolvunt ; alii strictis mucronibus imas
Obsedere fores, has servant agmine denso.   450
Instaurati animi regis succurrere tectis,
Auxilioque levare viros, vimque addere victis.
  Limen erat, cæcæque fores, et pervius usus
Tectorum inter se Priami, postesque relicti
A tergo, infelix qua se, dum regna manebant,   455
Sæpius Andromache ferre incomitata solebat
Ad soceros, et avo puerum Astyanacta trahebat.
Evado ad summi fastigia culminis, unde
Tela manu miseri jactabant irrita Teucri.
Turrim in præcipiti stantem, summisque sub astra   460
Eductam tectis, unde omnis Troja videri,
Et Danaum solitæ naves, et Achaica castra,

des ruines mêmes de leurs tours démolies, de leurs toits embrasés, dernière ressource à leur désespoir dans ce moment suprême, et font rouler d'en haut sur l'ennemi les poutres dorées, somptueux ornements de l'antique demeure de nos rois. D'autres, l'épée à la main, se placent aux portes inférieures, et serrant les rangs, en défendent l'entrée. Mon courage se rallume à cette vue, et je vole au palais pour soutenir par ma présence l'ardeur des combattants et rendre quelque force aux vaincus.

Derrière le palais de Priam s'ouvrait une issue secrète qui reliait entre eux, par un commun passage, les divers appartements de la royale demeure. C'est par là que souvent, dans les beaux jours de l'empire, l'infortunée Andromaque se rendait sans suite auprès de sa famille, et conduisait à son aïeul le jeune Astyanax. Je gagne par cette issue le faîte du palais, d'où les malheureux Troyens lançaient leurs traits impuissants. Là s'élevait, assise au bord du comble et portant sa tête dans les cieux, une tour du haut de laquelle l'œil embrassait et la ville tout entière et la flotte des Grecs. Armes

ac culmina tecta
domorum :
parant,
quando cernunt
ultima,
se defendere his telis
jam in morte extrema ;
devolvuntque
trabes auratas ,
decora alta
veterum parentum ;
alii mucronibus strictis
obsedere
fores imas,
servant has agmine denso.
Animi
instaurati,
succurrere
tectis regis,
levareque viros auxilio,
addereque vim victis.

Erat limen ,
foresque cæcæ,
et usus pervius
tectorum Priami inter se ,
postesque relicti
a tergo, qua
dum regna manebant,
infelix Andromache
solebat incomitata
se ferre
sæpius
ad soceros,
et trahebat avo
Astyanacta puerum.
Evado ad fastigia
culminis summi ,
unde miseri Teucri
jactabant manu tela irrita.
Aggressi ferro turrim
stantem
in præcipiti ,
sductamque sub astra
summis tectis,
unde Troja omnis,
et naves Danaum
solitæ

et les sommets couverts (les toits)
des maisons :
ils se préparent,
puisqu'ils voient
ces ressources être les dernières,
à se défendre avec ces armes
déjà dans une mort extrême (au seuil de la
et ils font-rouler-d'en-haut   [mort);
les poutres dorées,
ornements élevés
de *leurs* anciens pères ;
d'autres avec des épées serrées (tirées)
ont assiégé (occupent)
les portes inférieures,
et gardent ces *portes* en troupe serrée.
Mes esprits (ma résolution)
furent renouvelés (fut fortifiée),
de porter-secours
au palais du roi ,
et de soulager les hommes par *mon* secours,
et d'ajouter de la force aux vaincus.

Il y avait un seuil (une entrée),
et des portes obscures (dérobées),   [tion)
et un commerce ouvert (une communica-
des habitations de Priam entre elles,
et des battants (une porte) abandonnés
par derrière , par où ,
du temps que le royaume subsistait ,
la malheureuse Andromaque
avait coutume-sans-être-accompagnée
de se transporter
plus souvent *que par un autre chemin*
auprès de *ses* beaux-pères,
et traînait (conduisait) à *son* aïeul
Astyanax enfant.
Je parviens au faîte
du comble le plus élevé ,
d'où les infortunés Troyens
lançaient de *leur* main des traits sans-effet.
Ayant attaqué avec le fer une tour
qui se tenait-debout
sur une *hauteur* escarpée ,
et élevée jusqu'aux astres
par le sommet de *ses* toits,
d'où Troie tout entière,
et les vaisseaux des Grecs
étaient accoutumés

Aggressi ferro circum , qua summa labantes
Juncturas tabulata dabant , convellimus altis
Sedibus, impulimusque : ea lapsa repente ruinam 465
Cum sonitu trahit , et Danaum super agmina late
Incidit. Ast alii subeunt: nec saxa, nec ullum
Telorum interea cessat genus.

    Vestibulum ante ipsum primoque in limine Pyrrhus
Exsultat , telis et luce coruscus aena : 470
Qualis ubi in lucem coluber, mala gramina pastus,
Frigida sub terra tumidum quem bruma tegebat,
Nunc positis novus exuviis, nitidusque juventa ,
Lubrica convolvit sublato pectore terga
Arduus ad solem , et linguis micat ore trisulcis. 475
Una ingens Periphas, et equorum agitator Achillis
Armiger Automedon , una omnis Scyria [1] pubes
Succedunt tecto, et flammas ad culmina jactant.
Ipse inter primos correpta dura bipenni

---

de haches et de leviers, nous l'attaquons dans sa base, dans ses
appuis disjoints et minés par l'âge; la masse énorme est arrachée de
ses fondements ; une dernière secousse la précipite. Elle tombe avec
fracas ; elle écrase au loin , de ses débris, des bataillons entiers de
Grecs. Mais bientôt d'autres les remplacent, et sur eux continue à
pleuvoir une grêle de traits et de pierres.

    Devant le vestibule et sur le seuil même du palais, Pyrrhus
bouillant d'ardeur resplendit de l'éclat étincelant de sa lance et de
son armure d'airain. Tel reparaît au jour, repu d'herbes malfaisantes
et gonflé de noirs poisons, le serpent que le froid hiver tenait en-
gourdi sous la terre. Maintenant, fier de sa peau nouvelle et tout
brillant de jeunesse, il roule et déroule en cercle ses luisants an
neaux , lève sa tête superbe, et, se dressant au soleil darde le triple
aiguillon de sa langue meurtrière. Avec Pyrrhus s'avancent Périphas à la haute stature, et l'écuyer Automédon , qui conduisait
les coursiers d'Achille , et toute la jeunesse de Scyros. Ils arrivent
aux portes du palais et font voler sur les toits la flamme dévorante.
Marchant devant eux, Pyrrhus saisit une hache, attaque la porte a

videri,
et castra Achaica,
circum,
qua tabulata summa
dabant
juncturas labantes,
convellimus
sedibus altis,
impulimusque :
ea lapsa repente
trahit ruinam cum sonitu,
et incidit late
super agmina Danaum.
Ast alii subeunt;
nec saxa,
nec ullum genus telorum
cessat interea.

   Ante vestibulum ipsum
inque ipso limine
Pyrrhus exsultat,
coruscus telis
et luce
aena.
Qualis coluber
ubi in lucem
pastus gramina mala,
quem frigida bruma
tegebat sub terra
tumidum,
nunc novus
exuviis positis,
nitidusque juventa,
pectore sublato,
arduus ad solem,
convolvit terga lubrica,
et micat ore
linguis trisulcis.
Una ingens Periphas,
et armiger Automedon
agitator equorum Achillis,
una omnis pubes Scyria
succedunt tecto,
et jactant flammas
ad culmina.
Ipse inter primos
bipenni
correpta

---

d'être vus (étaient habituellement vus),
ainsi que le camp des Achéens,
l'ayant attaquée tout-autour,
par où les planchers les plus élevés
donnaient (présentaient)
des jointures chancelantes,
nous *l'*arrachâmes
de *ses* fondements profonds,
et nous *la* poussâmes.
Elle (la tour) glissant tout à coup
entraîne ruine (s'écroule) avec fracas,
et tombe au loin
sur les bataillons des Grecs.
Mais d'autres succèdent;
ni les pierres,
ni aucune espèce de traits
ne se ralentit pendant-ce-temps-là.

   Devant le vestibule même
et sur le premier seuil
Pyrrhus s'agite,
étincelant par *ses* armes
et par l'éclat
de-l'airain (de ses armes d'airain).
Tel qu'un serpent
dès qu'il *revient* à la lumière
ayant mangé des herbes malfaisantes,
lui que le froid hiver
couvrait (cachait) sous la terre
gonflé *de poisons*,   [nouvelle)
maintenant nouveau (ayant une peau
ses dépouilles étant déposées,
et brillant de jeunesse,
la poitrine élevée,
se dressant au soleil,
il roule *son* dos glissant,
et vibre dans *sa* gueule
avec *sa* langue à-trois-dards.
En même temps le grand Périphas
et l'écuyer Automédon
conducteur des chevaux d'Achille,
en même temps toute la jeunesse de-Scyros
s'avancent-sous le toit,
et lancent des flammes
vers le faîte
Lui-même parmi les premiers
avec une hache-à-deux-tranchants
saisie (qu'il a saisie)

Limina perrumpit, postesque a cardine vellit   480
Æratos : jamque, excisa trabe, firma cavavit
Robora, et ingentem lato dedit ore fenestram.
Apparet domus intus, et atria longa patescunt;
Apparent Priami et veterum penetralia regum.
Armatosque vident stantes in limine primo.   485
   At domus interior gemitu miseroque tumultu
Miscetur, penitusque cavæ plangoribus ædes
Femineis ululant; ferit aurea sidera clamor.
Tum pavidæ tectis matres ingentibus errant,
Amplexæque tenent postes, atque oscula figunt.   490
Instat vi patria Pyrrhus ; nec claustra, nec ipsi
Custodes sufferre valent. Labat ariete crebro
Janua, et emoti procumbunt cardine postes.
Fit via vi, rumpunt aditus, primosque trucidant
Immissi Danai, et late loca milite complent.   495
Non sic, aggeribus ruptis quum spumeus amnis

coups redoublés, ébranle les gonds sur leurs pivots d'airain; les ais
se creusent en criant sous le tranchant du fer, et bientôt la robuste
épaisseur du chêne livre une large ouverture. Alors se découvrent
l'intérieur du palais, ses longues galeries; l'œil plonge dans la
demeure de Priam et de nos anciens rois, et sur le seuil même de
l'auguste séjour apparaît la troupe de soldats qui le défendent.
   Au dedans ce n'est que trouble, pleurs et gémissements. Les
femmes ébranlent au loin les voûtes de cris lamentables; leurs clameurs montent jusqu'aux cieux. On voit les mères, pâles et tremblantes, courir dans la vaste enceinte, embrasser les colonnes et les
couvrir de leurs derniers baisers. Pyrrhus presse l'attaque avec une
ardeur qui décèle le sang d'Achille : ni barrières ni gardes ne peuvent l'arrêter. La porte gémit, s'ébranle sous les coups répétés du
bélier et tombe arrachée de ses gonds. Le fer des Grecs se fraie
enfin un passage; ils forcent l'entrée, massacrent les premiers
qu'ils rencontrent. Tout le palais se remplit de soldats. Avec moins
de furie se déborde un fleuve écumant, lorsqu'il a rompu ses digues

perrumpit limina dura,
vellitque a cardine
postes æratos ;
jamque, trabe excisa,
cavavit robora firma,
et dedit
ingentem fenestram
lato ore.
Domus apparet intus,
et longa atria patescunt,
penetralia Priami
et veterum regum
apparent,
videntque armatos
stantes in primo limine.

At domus interior
miscetur gemitu
miseroque tumultu,
penitusque
ædes cavæ
ululant
plangoribus femineis,
clamor ferit sidera
aurea.
Tum matres pavidæ
errant ingentibus tectis,
tenentque postes
amplexæ,
atque figunt oscula.
Pyrrhus instat
vi patria ;
nec claustra,
nec custodes ipsi
valent sufferre.
Janua labat ariete
crebro,
et postes procumbunt
emoti cardine.
Via fit vi,
Danai immissi
rumpunt aditus,
trucidantque primos,
complentque loca late
milite.
Non sic
amnis,
quum exiit spumeus,

brise le seuil dur (la porte),
et arrache de *leur* gond
les battants garnis-d'airain ;
et déjà, une poutre étant coupée,
il a creusé les chênes solides,
et il a donné (pratiqué)
une grande brèche
d'une large ouverture.   [dans,
La maison apparaît (est visible) au-de-
et les longues salles s'ouvrent *à la vue* ;
les appartements-retirés de Priam
et des anciens rois
apparaissent *aux Grecs*,
et ils voient des *hommes* armés
se tenant-debout sur le premier seuil.

Mais la maison intérieure
est troublée de gémissements
et d'un lamentable désordre,
et jusqu'au fond
l'édifice creux (la voûte du palais)
retentit
des cris-perçants des-femmes ;
les clameurs frappent les astres
brillants-comme-l'or.
Alors les mères tremblantes
errent sous les vastes toits,
et elles tiennent les portes
en *les* embrassant,
et *y* impriment des baisers.
Pyrrhus presse
avec la vigueur de-son-père,
ni les barrières,
ni les gardes eux-mêmes
ne peuvent *le* ralentir.
La porte chancelle sous le bélier
fréquent (frappant à coups redoublés),
et les battants tombent
poussés-hors de *leur* gond.
Un chemin se fait (est ouvert) par la force
les Grecs introduits
brisent (forcent) les entrées,
et égorgent les premiers *défenseurs*,
et remplissent les lieux au loin
de soldats.
Ce n'*est* pas ainsi (avec tant de violence
*qu'*un fleuve,
lorsqu'il est sorti écumant,

Exiit oppositasque evicit gurgite moles,
Fertur in arva furens cumulo, camposque per omnes
Cum stabulis armenta trahit. Vidi ipse furentem
Cæde Neoptolemum, geminosque in limine Atridas,   500
Vidi Hecubam, centumque nurus, Priamumque per aras
Sanguine fœdantem, quos ipse sacraverat, ignes.
Quinquaginta illi thalami, spes tanta nepotum,
Barbarico postes auro spoliisque superbi
Procubuere. Tenent Danai qua deficit ignis.   505
    Forsitan et, Priami fuerint quæ fata, requiras.
Urbis ubi captæ casum, convulsaque vidit
Limina tectorum, et medium in penetralibus hostem,
Arma diu senior desueta trementibus ævo
Circumdat nequidquam humeris, et inutile ferrum   510
Cingitur, ac densos fertur moriturus in hostes.
Ædibus in mediis, nudoque sub ætheris axe,
Ingens ara fuit, juxtaque veterrima laurus
Incumbens aræ, atque umbra complexa Penates
Hic Hecuba et natæ nequidquam altaria circum,

et renversé les barrières qu'on opposait à son passage; moins terrible
il se répand dans les campagnes, roulant dans son onde amoncelée
les étables et les troupeaux. J'ai vu Pyrrhus s'enivrant de carnage;
j'ai vu les deux Atrides sur le seuil du palais; j'ai vu Hécube et ses
cent filles, et Priam souillant de son sang les autels et les feux qu'il
avait lui-même consacrés. Cinquante couches nuptiales, espoir d'une
nombreuse postérité, de superbes portiques que décoraient l'or et les
dépouilles des barbares, tout est détruit. Les Grecs sont partout où
la flamme n'est pas.

    Peut-être désirez-vous apprendre, ô reine, quelle fut la destinée
de Priam. Dès qu'il voit sa ville prise, les portes de sa demeure forcées et les Grecs vainqueurs envahir ses foyers, l'infortuné monarque prend ses armes depuis longtemps oisives, en charge, hélas!
bien en vain, ses épaules que l'âge fait trembler, ceint une épée
inutile dans ses mains, et va chercher la mort dans les plus épais
bataillons. Au centre du palais, sous la voûte des cieux, s'élevait un
grand autel; planté tout auprès, un antique laurier, s'inclinant sur
l'autel, couvrait de son ombrage les dieux domestiques. Hécube et

aggeribus ruptis,
evicitque
gurgite
moles oppositas,
fertur in arva,
furens cumulo,
perque omnes campos
trahit armenta
cum stabulis.
Vidi ipse Neoptolemum
furentem cæde,
geminosque Atridas
in limine;
vidi Hecubam,
centumque nurus,
Priamumque per aras
fœdantem sanguine ignes,
quos ipse sacraverat.
Illi quinquaginta thalami,
tanta spes nepotum,
postes superbi
auro barbarico spoliisque,
procubuere.
Danai tenent
qua ignis deficit.

Forsitan et requiras
quæ fuerint fata Priami.
Ubi vidit casum
urbis captæ,   [vulsa,
liminaque tectorum con-
et hostem medium
in penetralibus,   [dat
nequidquam senior circum-
humeris trementibus ævo
arma diu desueta,
et cingitur ferrum inutile,
ac fertur moriturus
in hostes densos.
In mediis ædibus,
subque axe nudo
ætheris,
fuit ingens ara,
juxtaque laurus veterrima
incumbens aræ,
et complexa umbra
penates.
Hic Hecuba et natæ,

les digues étant rompues,
et a vaincu
par son gouffre (son cours impétueux)
les masses qui lui sont opposées,
se porte dans les campagnes,
rendu-furieux par la crue de ses eaux,
et à travers tous les champs
entraîne les troupeaux
avec leurs étables.
J'ai vu moi-même Néoptolème
rendu-furieux par le carnage,
et les deux Atrides
sur le seuil;
j'ai vu Hécube,
et ses cent brus,
et Priam le long des autels
souillant de son sang les feux,
que lui-même il avait consacrés.
Ces cinquante chambres-nuptiales,
ce si grand espoir de petits-fils,
ces portes magnifiquement-décorées
de l'or des-Barbares et de leurs dépouilles
se sont écroulées.
Les Grecs occupent les lieux
par où (où) le feu manque.

Peut-être demanderas-tu aussi
quels ont été les destins de Priam.
Dès qu'il eut vu la chute
de la ville prise,
et les portes de sa demeure arrachées,
et l'ennemi au-milieu
dans ses appartements-secrets,
vainement le vieillard place-autour
de ses épaules tremblantes par l'âge
ses armes depuis longtemps sans-usage
et se ceint d'un fer inutile,
et se porte devant-mourir
vers les ennemis serrés (nombreux).
Au milieu du palais,
et sous l'axe nu
de l'éther (du ciel),
fut (était) un grand autel;
et auprès un laurier très-ancien
qui se penchait-sur l'autel,
et qui embrassait de son ombre
les pénates.
Là Hécube et ses filles,

Præcipites atra ceu tempestate columbæ,
Condensæ. et divum amplexæ simulacra, sedebant.
Ipsum autem sumtis Priamum juvenalibus armis
U: vidit : « Quæ mens tam dira , miserrime conjux.
Impulit his cingi telis ? aut quo ruis ? inquit.   520
Non tali auxilio nec defensoribus istis
Tempus eget ; non, si ipse meus nunc afforet Hector.
Huc tandem concede : hæc ara tuebitur omnes,
Aut moriere simul. » Sic ore effata , recepit
Ad sese et sacra longævum in sede locavit.   525
    Ecce autem elapsus Pyrrhi de cæde Polites,
Unus natorum Priami, per tela, per hostes
Porticibus longis fugit, et vacua atria lustrat
Saucius. Illum ardens infesto vulnere Pyrrhus
Insequitur, jam jamque manu tenet, et premit hasta.   530
Ut tandem ante oculos evasit et ora parentum ,
Concidit, ac multo vitam cum sanguine fudit.

ses filles , semblables à des colombes qu'une noire tempête a mises
en fuite, se tenaient là étroitement serrées , embrassant les images
de leurs dieux tutélaires. A l'aspect du prince couvert des armes
jadis si légères à sa jeunesse , Hécube s'écrie : « Malheureux époux !
quel projet insensé vous a mis ces armes à la main ? Où courez-
vous ? Ce n'est point d'un pareil secours , ce n'est point d'un tel
défenseur que nous avons besoin en ce moment : Hector lui-même ,
mon Hector sortirait du tombeau qu'il ne pourrait nous sauver.
Venez près de nous : cet autel doit nous protéger tous ou nous voir
mourir ensemble. » En disant ces mots elle reçoit près d'elle l'auguste vieillard et le place dans l'enceinte sacrée. Cependant, l'un
des fils de Priam , Polite, échappé des mains de Pyrrhus, fuyait
travers les traits et les flots d'ennemis , et, blessé, se traînait le
long des portiques et des galeries solitaires. Pyrrhus , l'œil ardent,
le poursuit, l'atteint, et, levant le bras , déjà le presse de sa lance.
Polite, par un dernier effort, s'élance vers l'autel, et là, sous les
yeux de sa famille éperdue, il tombe, il exhale sa vie avec des flots

ceu columbæ	comme des colombes
præcipites	qui-fuient-précipitamment
atra tempestate,	dans une noire tempête,
sedebant nequidquam	étaient assises en vain
circum altaria,	autour des autels,
condensæ,	pressées-les-unes-contre-les-autres,
et amplexæ	et embrassant
simulacra divum.	les images des dieux.
Ut autem vidit	Or dès qu'*Hécube* vit
Priamum ipsum,	Priam lui-même,
armis juvenalibus	des armes de-jeune-homme
sumtis :	ayant été prises *par lui* :
« Quæ mens tam dira,	« Quelle pensée si cruelle,
miserrime conjux,	*ô mon* très-malheureux époux,
impulit cingi his telis?	*t*'a poussé à te ceindre de ces armes ?
aut quo ruis? inquit.	ou bien où cours-tu ? dit-elle.
Tempus	Le temps *présent*
non eget tali auxilio,	n'a pas besoin d'un tel secours,
nec defensoribus istis;	ni de défenseurs de-cette-sorte;
non,	non, *pas même*
si meus Hector ipse	si mon Hector lui-même
afforet nunc.	était-ici maintenant.
Concede huc tandem :	Retire-toi ici enfin ;
hæc ara tuebitur omnes,	cet autel *nous* défendra tous :
aut moriere simul. »	ou tu mourras en même temps *que nous.*
Effata sic ore,	Ayant parlé ainsi de *sa* bouche,
recepit ad sese,	elle *le* retira près d'elle,
et locavit longævum	et plaça le vieillard
in sede sacra.	sur le siége (l'autel) sacré.
Ecce autem,	Mais voilà que,
elapsus de cæde Pyrrhi,	échappé du carnage de Pyrrhus,
Polites,	Polite,
unus natorum Priami,	l'un des fils de Priam,
per tela, per hostes,	à travers les traits, à travers les ennemis,
fugit longis porticibus,	fuit dans les longs portiques,
et lustrat atria vacua,	et parcourt les salles vides (désertes),
saucius.	blessé.
Pyrrhus ardens	Pyrrhus enflammé
insequitur illum	poursuit lui
vulnere infesto,	avec une blessure (une épée) ennemie,
jam jamque tenet manu,	et déjà il *le* tient de la main,
et premit hasta.	et *le* presse de *sa* pique.
Ut evasit tandem	Dès qu'il fut arrivé enfin
ante oculos atque ora	devant les yeux et le visage
parentum,	de *ses* parents,
concidit,	il tomba,
et fudit vitam	et répandit la vie

Hic Priamus, quanquam in media jam morte tenetui
Non tamen abstinuit, nec voci iræque pepercit :
« At tibi pro scelere, exclamat, pro talibus ausis,   535
Di (si qua est cœlo pietas quæ talia curet)
Persolvant grates dignas et præmia reddant
Debita , qui nati coram me cernere letum
Fecisti, et patrios fœdasti funere vultus !
At non ille, satum quo te mentiris, Achilles   540
Talis in hoste fuit Priamo ; sed jura fidemque
Supplicis erubuit, corpusque exsangue sepulcro
Reddidit Hectoreum, meque in mea regna remisit. »
    Sic fatus senior, telumque imbelle sine ictu
Conjecit, rauco quod protinus ære repulsum,   545
Et summo clypei nequidquam umbone pependit.
Cui Pyrrhus : « Referes ergo hæc, et nuntius ibis
Pelidæ genitori. Illi mea tristia facta ,

de sang. Alors Priam ne se possède plus ; malgré le trépas qui l'attend, il ne contient ni sa voix ni sa colère. « Barbare, dit-il , puissent les dieux (s'il est dans le ciel des dieux qui vengent de tels for-
faits), puissent les dieux, mesurant la peine à ton crime, te payer
le digne salaire que tu mérites, toi qui m'as fait voir mon fils mou-
rant à mes yeux, toi qui as souillé de cet horrible spectacle les
regards d'un père ! Mais cet Achille même, dont tu te dis faussement
le fils, ne se montra pas tel envers Priam son ennemi : il entendit la
prière d'un suppliant, il respecta les droits du malheur. Il me
rendit, pour les honneurs de la sépulture , le corps inanimé d'Hector,
et me renvoya libre dans les Etats de mes pères. »
    Ainsi parle le vieillard, et d'une main débile il lance à Pyrrhus
un trait impuissant qui fait résonner d'un vain bruit l'airain du
bouclier et demeure suspendu à sa surface effleurée. Aussitôt Pyrrhus : « Sois donc mon messager, et va **porter** cette nouvelle au
fils de Pélée, mon père. Raconte-lui mes tristes exploits et dis-lui que

cum sanguine multo	avec un sang abondant.
Hic Priamus,	Alors Priam,
quanquam tenetur jam	bien qu'il soit tenu (qu'il se trouve) déjà
in media morte,	au milieu de la mort,
non abstinuit tamen,	ne se contint pas cependant,
nec pepercit	et n'épargna pas (n'étouffa pas)
voci iræque :	sa voix et sa colère :
« At, exclamat,	« Eh bien ! s'écrie-t-il,
pro scelere,	en échange de ton crime,
pro talibus ausis,	en échange d'une telle audace,
Di	que les dieux
(si qua pietas est cœlo	(si quelque piété (justice) est au ciel
quæ curet talia)	qui prenne-souci de telles actions)
persolvant tibi	payent à toi
dignas grates,	de dignes remercîments,
et reddant	et te rendent
præmia debita,	les récompenses qui te sont dues,
qui fecisti	à toi qui as fait
me cernere coram	moi voir en face
letum nati,	le trépas de mon fils,
et fœdasti	et qui as souillé
vultus patrios	le visage (les regards) d'un-père
funere.	de ces funérailles (de la vue de cette mort).
At ille Achilles,	Mais cet Achille,
quo mentiris te satum,	duquel tu dis-avec-mensonge toi être issu,
non fuit talis	n'a pas été tel
in Priamo hoste ;	envers Priam son ennemi ;
sed erubuit	mais il a rougi-de-violer (il a respecté)
jura fidemque supplicis,	les droits et la foi d'un suppliant,
reddiditque sepulcro	et il a rendu au tombeau
corpus exsangue	le corps privé-de-sang
Hectoreum,	d'-Hector,
remisitque me	et il a renvoyé moi
in mea regna. »	dans mon royaume. »
Sic fatus senior,	Ainsi parla le vieillard,
conjecitque telum imbelle	et il lança un trait impuissant
sine ictu,	sans coup (sans blessure),
quod repulsum protinus	qui fut repoussé aussitôt
ære rauco,	par l'airain au-son-rauque,
et pependit nequidquam	.t resta-suspendu vainement
summo umbone clypei.	à la surface de la bosse du bouclier.
Cui Pyrrhus :	Auquel (à Priam) Pyrrhus dit :
« Referes ergo hæc,	« Tu rapporteras donc ces actions,
et ibis nuntius	et tu iras comme messager
Pelidæ genitori.	au fils-de-Pélée mon père.
Memento narrare illi	Souviens-toi de raconter à
mea tristia facta,	mes tristes (cruelles) actions,

Degeneremque Neoptolemum narrare memento.
Nunc morere. » Hæc dicens, altaria ad ipsa trementem   550
Traxit et in muito lapsantem sanguine nati ,
Implicuitque comam læva, dextraque coruscum
Extulit ac lateri capulo tenus abdidit ensem.
Hæc finis Priami fatorum ; hic exitus illum
Sorte tulit, Trojam incensam et prolapsa videntem   555
Pergama , tot quondam populis terrisque superbum
Regnatorem Asiæ. Jacet ingens littore truncus,
Avulsumque humeris caput , et sine nomine corpus.
   At me tum primum sævus circumstetit horror :
Obstupui : subiit cari genitoris imago,   560
Ut regem æquævum crudeli vulnere vidi
Vitam exhalantem ; subiit deserta Creusa ,
Et direpta domus, et parvi casus Iuli.
Respicio , et, quæ sit me circum copia , lustro ·
Deseruere omnes defessi, et corpora saltu   565
Ad terram misere, aut ignibus ægra dedere.

Néoptolème dégénère. En attendant, meurs ! » En achevant ces mots
il traîne jusqu'à l'autel le vieillard tremblant, et dont les pieds
glissent dans le sang de son fils. Il saisit d'une main les cheveux
blanchis de l'infortuné monarque, et de l'autre, levant son épée
étincelante, il la lui plonge dans le sein jusqu'à la garde. Ainsi
finit Priam; tel fut le triste sort qui termina sa vie au milieu de
Troie embrasée et des ruines de Pergame. Ce puissant dominateur
de l'Asie, autrefois maître de tant de peuples et de tant de contrées,
n'est plus maintenant qu'un corps mutilé, séparé de sa tête, restes
déplorables gisant sans nom sur le rivage.
   Alors et pour la première fois je sens une soudaine horreur s'em-
parer de moi; mon âme est frappée de stupeur. Ce prince malheureux
exhalant sa vie sous un glaive inhumain rappelle à ma pensée un
père bien-aimé chargé d'ans comme lui. Je songe en frémissant ;
Créuse laissée sans défense, à ma maison livrée peut-être au pillage,
à mon fils, encore enfant, entouré de tant de malheurs. Je regarde
autour de moi pour m'assurer si quelques amis m'entourent encore ·
tous ont disparu, et soit lassitude, soit désespoir, se sont précipités
du haut des tours ou jetés au milieu des flammes.

Naoptolemumque
degenerem. »
Nunc morere. »
Dicens hæc , traxit
ad altaria ipsa
trementem et lapsantem
in sanguine multo nati,
implicuitque comam
læva ,
dextraque extulit
ensem coruscum ,
ac abdidit lateri
tenus capulo.
Hæc finis fatorum Priami;
hic exitus
tulit illum sorte ,
videntem
Trojam incensam,
et Pergama prolapsa,
quondam
superbum regnatorem
tot populis terrisque Asiæ.
Ingens truncus
jacet littore,
caputque avulsum humeris,
et corpus sine domine.
   At tum primum
sævus horror
circumstetit me :
obstupui ;
imago genitoris cari
subiit,
ut vidi regem
æquævum
exhalantem vitam
vulnere crudeli ;
Creusa deserta
subiit,
et domus direpta ,
et casus
parvi Iuli.
Respicio, et lustro
quæ copia sit circum me.
Omnes deseruere defessi,
et saltu misere ad terram ,
aut dedere ignibus
corpora ægra.

et de lui dire Néoptolème
dégénéré.
Maintenant meurs. »
En disant ces mots, il traîna
vers les autels mêmes
Priam tremblant et glissant
dans le sang abondant de son fils,
et il enlaça sa chevelure
de la main gauche ,
et de la droite il éleva
son épée étincelante ,
et l'enfonça dans le flanc
jusqu'à la garde.
Telle fut la fin des destins de Priam ;
cette issue (cette mort)
emporta lui d'après le sort,
lui qui voyait
Troie incendiée,
et Pergame écroulée ;
lui autrefois
superbe dominateur
à (de) tant de peuples et de terres de l'Asie.
Son grand tronc
gît sur le rivage,
et sa tête arrachée de ses épaules,
et son corps sans nom.
   Mais alors pour la première fois
une affreuse horreur
se tint-autour-de moi (me saisit).
Je fus frappé-de-stupeur ;
l'image de mon père chéri
se présenta à mon esprit,
aussitôt que j'eus vu le roi
du-même-âge que lui
exhalant sa vie
par une blessure cruelle,
Créuse abandonnée
se présenta à mon esprit,
et ma maison pillée,
et l'accident (le sort possible)
du petit Iule.
Je regarde-en-arrière, et j'examine
quelle troupe est autour de moi.
Tous m'ont délaissé, fatigués,
et d'un saut ont envoyé à terre,
ou ont livré aux flammes
leurs corps malades (abattus).

Jamque[1] adeo super unus eram, quum limina Vestæ
Servantem et tacitam secreta in sede latentem
Tyndarida adspicio: dant clara incendia lucem
Erranti, passimque oculos per cuncta ferenti.　　　　570
Illa sibi infestos eversa ob Pergama Teucros,
Et pœnas Danaum, et deserti conjugis iras
Præmetuens, Trojæ et patriæ communis Erinnys,
Abdiderat sese, atque aris invisa sedebat.
Exarsere ignes animo; subit ira cadentem　　　　575
Ulcisci patriam, et sceleratas sumere pœnas.

« Scilicet hæc Spartam incolumis patriasque Mycenas
Adspiciet, partoque ibit regina triumpho!
Conjugiumque, domumque, patres, natosque videbit,
Iliadum turba et Phrygiis comitata ministris!　　　　580
Occiderit ferro Priamus! Troja arserit igni!
Dardanium toties sudarit sanguine littus!
Non ita: namque, etsi nullum memorabile nomen
Feminea in pœna est, nec habet victoria laudem,

Enfin je restais seul, lorsqu'à la sinistre lueur de l'incendie,
portant çà et là mes pas et mes regards inquiets, j'aperçois, sur le
seuil du temple de Vesta, la fille de Tyndare, se tenant silencieuse
et cachée dans cet asile écarté. Odieuse et fatale à tous, et redoutant
à la fois la haine des Troyens, pleurant leur ville détruite, et le
ressentiment des Grecs, et la juste colère d'un époux abandonné,
Hélène, ce fléau d'Ilion et d'Argos, s'était réfugiée là, se couvrant de
l'ombre des saints autels. A son aspect la fureur s'allume dans mon
âme; je brûle de venger ma patrie expirante et de punir l'auteur de
tant de maux.

« Hé quoi! disais-je, cette femme reverra, saine et sauve, Sparte
et Mycènes, sa patrie! Elle ira, triomphant insolemment d'Ilion,
s'y montrer en souveraine! Rendue à son époux, à sa famille, à ses
enfants, elle marchera traînant à sa suite une foule de Troyennes
et de Phrygiens esclaves, et Priam sera tombé sous le fer! Troie
aura péri dans les flammes! et des flots de sang auront abreuvé nos
rivages! Non, et quoiqu'il n'y ait nulle gloire à attendre du châtiment d'une femme, et qu'une telle victoire soit sans honneur, on

Jamque adeo
supereram unus,
quum adspicio Tyndarida
servantem limina Vestæ,
et latentem tacitam
in sede secreta :
incendia clara
dant lucem erranti,
ferentique oculos passim
per cuncta.
Illa, præmetuens
Teucros infestos sibi
ob Pergama eversa,
et pœnas Danaum,
et iras conjugis deserti,
Erynnis communis
Trojæ et patriæ,
sese abdiderat,
atque sedebat aris invisa.
Ignes
exarsere animo;
ira subit
ulcisci
patriam cadentem,
et sumere pœnas
sceleratas.

« Scilicet hæc
incolumis
adspiciet Spartam
Mycenasque patrias,
ibitque regina
triumpho parto !
Videbit conjugiumque,
domumque,
patres, natosque,
comitata
turba Iliadum
ministrisque Phrygiis !
Priamus occiderit ferro !
Troja arserit igni !
Littus Dardanium
sudarit toties sanguine !
Non ita :
namque, etsi est
nullum nomen memorabile
in pœna feminea,
nec victoria

Et déjà donc
je restais seul,
lorsque j'aperçois la fille-de-Tyndare
gardant (occupant) le seuil de Vesta,
et se cachant silencieuse
dans un siége (endroit) écarté :
les incendies brillants
donnent de la lumière *à moi* errant,
et portant les yeux çà et là
par (sur) tous *les objets*.
Elle, craignant-vivement
les Troyens animés contre elle
à cause de Pergame renversée,
et les peines (la vengeance) des Grecs,
et les colères de *son* époux abandonné,
furie commune (fléau commun)
de Troie et de *sa* patrie,
s'était cachée,
et était assise aux autels sans-être-vue.
Des feux (des transports de fureur)
brûlèrent dans *mon* cœur ;
la colère s'introduit *en moi*
me conseillant de venger
ma patrie qui tombe,
et de prendre (de tirer) des peines
criminelles (de cette femme criminelle).

« Ainsi cette *femme*
saine-et-sauve
verra Sparte
et Mycènes sa-patrie,
et elle s'avancera reine
avec un triomphe obtenu !
Elle verra et *son* hymen (son mari),
et *sa* maison,
ses parents, et *ses* enfants,
accompagnée
d'une troupe de femmes-d'Ilion
et d'esclaves Phrygiens !
Priam sera tombé sous le fer !
Troie aura brûlé par le feu !
Le rivage de-la-Dardanie
aura sué (regorgé) tant de fois de sang !
Il n'en sera pas ainsi :
car, quoiqu'il n'y ait
aucun nom mémorable (aucune gloire)
dans la punition d'une-femme,
et que *cette* victoire

Exstinxisse nefas tamen, et sumsisse merentes 585
Laudabor pœnas [1] animumque explesse juvabit
Ultricis flammæ, et cineres satiasse meorum. »
   Talia jactabam, et furiata mente ferebar,
Quum mihi se, non ante oculis tam clara, videndam
Obtulit, et pura per noctem in luce refulsit 590
Alma parens, confessa deam, qualisque videri
Cœlicolis et quanta solet; dextraque prehensum
Continuit, roseoque hæc insuper addidit ore :
« Nate, quis indomitas tantus dolor excitat iras?
Quid furis? aut quonam nostri tibi cura recessit? 595
Non prius adspicies ubi fessum ætate parentem
Liqueris Anchisen, superet conjuxne Creusa,
Ascaniusque puer, quos omnes undique Graiæ
Circum errant acies, et, ni mea cura resistat,
Jam flammæ tulerint, inimicus et hauserit ensis? 600
Non tibi Tyndaridis facies invisa Lacænæ

me louera du moins d'avoir puni le crime et purgé la terre d'un
fléau, et je m'applaudirai moi-même d'avoir assouvi ma vengeance
et satisfait les mânes de mes concitoyens. »
   Ainsi s'exhalait ma colère, ainsi s'emportait ma fureur, quand tout
à coup Vénus ma mère s'offre à mes regards, plus brillante que je ne
l'avais jamais vue, et jetant dans la nuit une lumière éblouissante,
telle enfin qu'elle se montre aux habitants de l'Olympe, dans tout
l'éclat d'une déesse. D'une main elle retient mon bras prêt à frapper,
et de sa bouche de rose elle me dit : « Quel si grand sujet, mon fils,
excite en toi cette colère indomptable? quelle fureur t'égare? N'as-tu
plus à cœur l'intérêt de ta mère et des tiens? Songe avant tout où tu
as laissé ton père accablé par l'âge; assure-toi si Créuse ton épouse,
si ton fils Ascagne, respirent encore. De tous côtés les phalanges
grecques les enveloppent; et si ma tendresse ne les eût garantis,
déjà la flamme les eût dévorés ou le fer ennemi se fût teint de leur
sang. Ce n'est point la Lacédémonienne, fille de Tyndare, ni sa

habet laudem : | n'ait (n'obtienne) pas de louange ;
laudabor tamen | je serai loué cependant
exstinxisse nefas. | d'avoir anéanti ce monstre ,
et sumsisse pœnas | et d'avoir tiré des peines
merentes, | qui le méritaient (méritées),
juvabitque | et il me plaira
explesse animum | d'avoir satisfait mon cœur
flammæ ultricis, | dans sa flamme (son ardeur) de-vengeance.
et satiasse | et d'avoir rassasié (apaisé)
cineres meorum. » | les cendres des miens. »
Jactabam talia, | Je lançais de telles paroles,
et ferebar | et j'étais emporté
mente furiata, | par mon esprit plein-de-fureur,
quum alma parens, | lorsque ma bienfaisante mère,
non ante | qui n'avait jamais été auparavant
tam clara oculis, | si claire (si distincte) à mes yeux,
se obtulit mihi videndam , | s'offrit à moi pour-être-vue,
et refulsit per noctem | et resplendit à travers la nuit
in pura luce, | au milieu d'une pure lumière,
confessa deam, | s'avouant déesse,
qualisque et quanta | et telle et aussi grande que
solet videri | elle a coutume de se faire voir
cœlicolis; | aux habitants-du-ciel ;
continuitque | et elle me retint
prehensum dextra , | saisi par sa main droite,
insuperque addidit hæc | et en outre elle ajouta ces paroles
ore roseo : | de sa bouche de-rose :
« Nate , | « Mon fils,
quis tantus dolor | quel si grand ressentiment
excitat iras indomitas ? | soulève en toi ces colères indomptables ?
Quid furis ? | Pourquoi es-tu-en-fureur ?
aut quonam recessit tibi | ou bien où s'est retiré (qu'est devenu)
cura nostri? | le souci (l'amour) de nous?
Non adspicies prius | Ne regarderas-tu pas auparavant
ubi liqueris | où tu as laissé
Anchisen parentem | Anchise ton père
fessum ætate? | fatigué par l'âge?
conjuxne Creusa superet, | si ton épouse Créuse est-encore-en-vie.
puerque Ascanius? | et si l'enfant Ascagne vit encore?
circum quos | autour desquels
errant undique | errent de toutes parts
omnes acies Graiæ, | tous les bataillons grecs,
et , ni mea cura resistat, | et , si mon soin ne s'y opposait ,
jam flammæ tulerint, | déjà les flammes les auraient dévorés
et ensis inimicus hauserit. | et une épée ennemie les aurait percés
Non facies | Ce n'est pas le visage
invisa tibi | odieux pour toi

Culpatusve Paris ; divum inclementia, divum,
Has evertit opes, sternitque a culmine Trojam.
Adspice : namque omnem quæ nunc obducta tuenti
Mortales hebetat visus tibi, et humida circum   605
Caligat, nubem eripiam : tu ne qua parentis
Jussa time, neu præceptis parere recusa.
Hic, ubi disjectas moles avulsaque saxis
Saxa vides, mixtoque undantem pulvere fumum,
Neptunus muros magnoque emota tridenti   610
Fundamenta quatit, totamque a sedibus urbem
Eruit. Hic Juno Scæas sævissima portas
Prima tenet, sociumque furens a navibus agmen
Ferro accincta vocat.
Jam summas arces Tritonia, respice, Pallas   615
Insedit, nimbo effulgens et Gorgone sæva.
Ipse Pater Danais animos viresque secundas
Sufficit, ipse deos in Dardana suscitat arma

beauté par toi si détestée; ce n'est point Pâris , l'objet de tant de
reproches ; ce sont les dieux , oui, les dieux impitoyables qui ren-
versent cet empire et précipitent Ilion du faîte des grandeurs.
Regarde, car je vais dissiper le nuage qui offusque tes yeux mortels
et couvre ta paupière d'un humide bandeau ; regarde, et ne crains
plus d'obéir à ta mère, ne refuse pas de suivre ses conseils. Vois-tu
ces monceaux confus de pierres, ces décombres d'où s'élevent des
tourbillons de poussière et de fumée ? Là, Neptune, de son trident
redoutable, bat nos murailles , les sape à coups redoublés dans leur
base et secoue la ville entière sur ses fondements. Ici, l'implacable
Junon s'est emparée la première de la porte de Scée , et, furieuse, le
glaive à la main, appelle de leurs vaisseaux les soldats au carnage.
Plus loin, Pallas , assise au sommet de la citadelle et entourée d'un
nuage de feu, agite sa formidable Gorgone. Jupiter lui-même , Jupiter excite le courage des Grecs et les remplit d'une force inconnue;
lui même il soulève les dieux contre les armes troyennes. Fuis donc,

Lacænæ Tyndaridis,	de la Lacédémonienne fille-de-Tyndare,
Parisve culpatus;	ou Pâris blâmé *par toi;*
inclementia divum,	*c'est* la rigueur des dieux,
divum,	*oui* des dieux,
evertit has opes,	*qui* renverse cette puissance,
sternitque Trojam	et renverse Troie
a culmine.	de *son* faîte.
Adspice; namque eripiam	Vois; car j'arracherai
omnem nubem,	tout nuage,
quæ nunc	qui maintenant
obducta tuenti	mis-devant *toi* qui regardes
hebetat tibi	émousse (obscurcit) en toi
visus mortales,	*tes* regards mortels,
et humida	et *qui* humide [nuit).
caligat circum.	est-sombre autour *de toi* (t'enveloppe de
Tu. ne time	Toi, ne crains pas
qua jussa parentis,	quelques ordres *que ce soit* de *ta* mère,
neu recusa	et ne refuse pas
parere præceptis.	d'obéir à *ses* recommandations.
Hic, ubi vides	Ici, où tu vois
moles disjectas	des masses jetées-de-côté-et-d'autre
saxaque	et des pierres
avulsa saxis,	arrachées (détachées) d'*autres* pierres,
fumumque undantem	et une fumée qui-tourbillonne
pulvere mixto,	avec de la poussière mêlée à *elle,*
Neptunus quatit muros	Neptune frappe les murs
fundamentaque	et les fondements
emota magno tridenti,	ébranlés par *son* grand (puissant) trident,
eruitque a sedibus	et arrache de *ses* bases
urbem totam.	la ville tout entière.
Hic Juno sævissima	Ici Junon très-acharnée
tenet prima portas Scæas,	occupe la première les portes Scées,
furensque,	et transportée-de-fureur,
accincta ferro,	ceinte du fer,
vocat a navibus	elle appelle des vaisseaux
agmen socium.	la troupe alliée.
Jam, respice,	Déjà, regarde-derrière.
Pallas Tritonia	Pallas la Tritonienne
insedit arces	s'est assise-sur les hauteurs
summas,	les plus élevées,
effulgens nimbo	brillante par un nuage
et sæva Gorgone.	et redoutable par la Gorgone.
Pater ipse	Le père *des dieux* lui-même
sufficit Danais	fournit aux Grecs
animos viresque secundas,	des courages et des forces favorables,
ipse suscitat deos	lui-même suscite-les dieux
in arma Dardana.	contre les armes dardaniennes.

Eripe, nate, fugam, finemque impone labori :
Nusquam abero, et tutum patrio te limine sistam. »   620
    Dixerat, et spissis noctis se condidit umbris.
Apparent diræ facies, inimicaque Trojæ
Numina magna deum.
Tum vero omne mihi visum considere in ignes
Ilium, et ex imo verti Neptunia Troja.   625
Ac veluti summis antiquam in montibus ornum
Quum ferro accisam crebrisque bipennibus instant
Eruere agricolæ certatim ; illa usque minatur,
Et tremefacta comam concusso vertice nutat;
Vulneribus donec paulatim evicta, supremum   630
Congemuit, traxitque jugis avulsa ruinam.
Descendo, ac, ducente deo, flammam inter et hostes
Expedior : dant tela locum, flammæque recedunt.
    Atque ubi jam patriæ perventum ad limina sedis
Antiquasque domos, genitor, quem tollere in altos   635
Optabam primum montes, primumque petebam,

fuis au plus vite, ô mon fils! et cesse une vaine résistance. Je serai
partout avec toi et te conduirai en sûreté au foyer paternel. »
    Elle dit et se perd dans les ombres de la nuit. Alors m'apparais-
sent des figures terribles, et les puissantes divinités acharnées contre
Troie. Alors je vis Ilion tout entier s'abîmer dans les flammes et la
ville de Neptune s'écrouler de fond en comble. Ainsi, lorsqu'au
sommet des monts, des bûcherons, le fer à la main, attaquent de
concert un orne antique, l'arbre entamé par les coups redoublés
de la hache, longtemps encore menace le ciel et balance à chaque
secousse sa tête vacillante; mais vaincu enfin par ses blessures, il
gémit une dernière fois, éclate et couvre la montagne de ses vastes
ruines. Je descends des hauteurs de la citadelle et, conduit par une
main divine, je franchis impunément les feux et les ennemis. Les traits
se détournent sur mon passage, les flammes se retirent devant moi.
    Mais lorsque j'arrive au seuil de mes aïeux, mon père, que je
veux sauver le premier et transporter au sommet des montagnes

Eripe fugam, nate,
imponeque finem labori.
Abero nusquam,
et sistam te tutum
in limine patrio. »
   Dixerat,
et se condidit
pissis umbris noctis.
Apparent
facies diræ,
magnaque numina deum
inimica Trojæ.
Tum vero omne Ilium
visum mihi
considere in ignes,
et Troja Neptunia verti
ex imo.
Ac veluti quum
in summis montibus
agricolæ
instant certatim
eruere ornum antiquam
acoisam ferro
bipennibusque
crebris ;
illa minatur usque,
et tremefacta comam
nutat, vertice concusso ;
donec evicta paulatim
vulneribus,
congemuit supremum,
avulsaque
traxit ruinam
jugis.
Descendo,
ac, deo ducente,
expedior
inter flammam et hostes :
tela dant locum,
flammæque recedunt.
   Atque ubi jam
perventum ad limina
sedis patriæ,
domosque antiquas,
genitor, quem optabam
tollere primum
in montes altos,

Enlève (précipite) ta fuite, ô mon fils,
et mets un terme à ton travail (à tes ef-
Je ne serai-loin de toi nulle part, [forts).
et je placerai toi en-sûreté
sur le seuil paternel. »
   Elle avait dit,
et elle se cacha
dans les épaisses ombres de la nuit
Alors m'apparaissent
ces figures effrayantes,
et les grandes divinités des dieux
ennemies de Troie.
Mais alors tout Ilion
parut à moi
s'affaisser dans les feux,
et la Troie de-Neptune être bouleversée
depuis le plus bas (les fondements).
Et comme lorsque
sur le sommet des montagnes
les habitants-de-la-campagne
s'empressent à l'envi
de renverser un orne antique
taillé (coupé) par le fer
et par des haches-à-deux-tranchants
fréquentes (frappant à coups redoublés) ;
cet arbre menace toujours,
et tremblant dans sa chevelure
chancelle, sa cime étant secouée,
jusqu'à ce que vaincu peu à peu
par les blessures,
il a gémi une-dernière-fois,
et arraché
a traîné sa ruine (est tombé)
sur les hauteurs.
Je descends de la citadelle,
et, la divinité me conduisant,
je me dégage (je me tire d'embarras)
au milieu de la flamme et des ennemis .
les traits me donnent une place (un pas-
et les flammes se retirent. [sage),
   Et lorsque déjà
on fut (je fus) parvenu au seuil
de la demeure paternelle,
et à cette maison antique,
mon père, que je souhaitais
emporter le premier
sur les montagnes élevées.

\bnegat excisa vitam producere Troja,
Exiliumque pati. « Vos o quibus integer ævi
Sanguis, ait, solidæque suo stant robore vires,
Vos agitate fugam.   640
Me si cœlicolæ voluissent ducere vitam,
Has mihi servassent sedes. Satis una superque
Vidimus exscidia, et captæ superavimus urbi.
Sic, o sic positum affati discedite corpus.
Ipse manu mortem inveniam [1] : miserebitur hostis,   645
Exuviasque petet : facilis jactura sepulcri.
Jampridem invisus divis, et inutilis, annos
Demoror, ex quo me divum pater atque hominum rex
Fulminis afflavit ventis, et contigit igni. »
    Talia perstabat memorans, fixusque manebat.   550
Nos contra effusi lacrymis, conjuxque Creusa,
Ascaniusque, omnisque domus, ne vertere secum
Cuncta pater fatoque urgenti incumbere vellet.

---

voisines, refuse de survivre à sa patrie et de subir les maux de
l'exil. « Fuyez, nous dit-il, fuyez vous que l'âge n'a point glacés,
vous qui êtes encore dans toute la vigueur de la jeunesse. Si les
dieux eussent voulu prolonger ma vie, ils m'eussent conservé ces
demeures. C'est assez, c'est trop des malheurs dont mes yeux ont
été témoins, et d'avoir survécu à ma patrie conquise. Voici, voici
mon lit funèbre ; partez après avoir prononcé sur mon corps le dernier adieu. Ma main saura bien me donner la mort, si je ne la reçois
d'un ennemi compatissant, ou avide de ma dépouille. On peut se
consoler de n'avoir pas un tombeau. Dès longtemps maudit du ciel,
je traîne sur la terre une vie inutile, depuis le jour fatal où le maître
des dieux et des hommes m'a fait sentir le vent de sa foudre et m'a
touché de ses feux. »
    Il parlait ainsi, et, persistant dans ses refus, demeurait inébran
lable. Cependant et Créuse, et Ascagne, et mes amis et moi, nous
le conjurons, les larmes aux yeux, de ne pas tout perdre avec lui,
de ne pas aggraver le malheur déjà si grand qui nous accable. Il

petebamque primum,
negat producere vitam,
Troja excisa,
patique exilium.
« O vos, ait,
quibus sanguis
integer ævi,
viresque solidæ
stant suo robore,
vos, agitate fugam.
Si cœlicolæ voluissent
me ducere vitam,
servassent mihi has sedes.
Satis superque
vidimus
una exscidia,
et superavimus urbi captæ.
Discedite,
affati corpus
sic, o sic positum.
Inveniam mortem
ipse manu :
hostis miserebitur,
petetque exuvias :
jactura sepulcri
facilis.
Jampridem
invisus divis, et inutilis,
demoror annos,
ex quo pater divum
atque rex hominum
afflavit me
ventis fulminis,
et contigit igni. »
  Memorans talia
perstabat,
manebatque fixus.
Nos contra
effusi lacrymis,
Creusaque conjux,
Ascaniusque,
omnisque domus,
ne pater
vellet vertere cuncta
secum,
incumbereque
fato urgenti.

et que j'abordais le premier,
refuse de prolonger *sa* vie,
Troie ayant été sapée (détruite),
et de souffrir l'exil.
« O vous, dit-il,
à qui *est* un sang
non-altéré par l'âge,
et *à qui* les forces *encore* entières
se soutiennent par leur *propre* vigueur,
vous, préparez une fuite.
Si les habitants-du-ciel avaient voulu
moi prolonger *ma* vie,
ils auraient conservé à moi ces demeures.
C'est assez et plus *qu'assez*
que nous ayons vu
une seule destruction *de Troie*,
et que nous ayons survécu à la ville prise.
Eloignez-vous,
ayant parlé (fait vos adieux) à *mon* corps
ainsi, oh ! *oui* ainsi placé.
Je trouverai la mort
moi-même par *ma* main :
l'ennemi aura-pitié *de moi*,
et recherchera *mes* dépouilles :
la perte (la privation) d'un tombeau
est facile *à supporter*.
Déjà depuis longtemps
odieux aux dieux, et inutile,
je retarde (je prolonge) *mes* années,
depuis que le père des dieux
et le roi des hommes
a soufflé-sur moi
avec les vents de la foudre,
et *m'*a touché avec *son* feu. »
  En disant de telles *paroles*
il persistait,
et demeurait fixé *à sa place*.
Nous d'un autre côté
répandus (fondant) en larmes,
et Créuse *mon* épouse,
et Ascagne,
et toute *notre* maison,
nous le suppliions que *lui notre* père
ne voulût pas renverser (perdre) tout
avec lui,
et peser-sur (aggraver)
le destin qui *nous* accablait.

Abnegat, inceptoque et sedibus hæret in isdem.

Rursus in arma feror, mortemque miserrimus opto. 655

Nam quod consilium aut quæ jam fortuna dabatur?

« Mene efferre pedem, genitor, te posse relicto

Sperasti? tantumque nefas patrio excidit ore?

Si nihil ex tanta superis placet urbe relinqui,

Et sedet hoc animo, perituræque addere Trojæ 660

Teque tuosque juvat, patet isti janua leto.

Jamque aderit multo Priami de sanguine Pyrrhus,

Natum ante ora patris, patrem qui obtruncat ad aras.

Hoc erat, alma parens, quod me per tela, per ignes

Eripis, ut mediis hostem in penetralibus, utque 665

Ascaniumque, patremque meum, juxtaque Creusam,

Alterum in alterius mactatos sanguine cernam!

Arma, viri, ferte arma : vocat lux ultima victos.

---

résiste à nos prières, s'obstine dans sa résolution et reste immobile à la même place. Désespéré, je veux de nouveau me jeter dans les hasards des combats ; je n'aspire qu'à mourir, car que puis-je tenter encore? qu'ai-je à espérer désormais? « Moi partir et vous abandonner, ô mon père, l'avez-vous pu croire? Cet ordre impie est-il sorti de la bouche d'un père? S'il plaît aux dieux de l'Olympe que rien ne reste d'une si puissante ville; si vous l'avez juré vous-même, et si votre âme inflexible veut ensevelir et votre famille et vous dans la ruine de Troie, la mort est à la porte, et bientôt va venir Pyrrhus tout dégouttant du sang de Priam, ce Pyrrhus qui égorge le fils aux yeux du père et le père aux pieds des autels. O ma mère, ne m'avez-vous donc sauvé du fer et des flammes que pour me faire voir l'ennemi dans ce palais, Ascagne, et mon père, et Créuse massacrés et noyés dans le sang l'un de l'autre? Des armes, compagnons, donnez-moi des armes; le dernier jour appelle les vaincus. Rendez-moi

Abnegat,	Il refuse,
hæretque	et il reste attaché (il persiste)
incepto	dans *son* entreprise (sa résolution)
et in isdem sedibus.	et à la même place.
Rursus ferox in arma,	De nouveau je me porte aux armes,
miserrimusque	et très-malheureux
opto mortem.	je souhaite la mort.
Nam quod consilium,	Car quel projet,
aut quæ fortuna	ou quelle fortune
dabatur jam ?	m'était donnée (offerte) désormais ?
« Sperastine, genitor,	« As-tu espéré, *mon* père,
me posse	moi pouvoir
efferre pedem,	porter-dehors *mon* pied (m'en aller),
te relicto ?	toi étant abandonné ?
tantumque nefas	et une si grande impiété
excidit ore patrio ?	est-elle tombée de la bouche d'un-père ?
Si placet superis	S'il plaît aux *dieux* d'en-haut
nihil relinqui	rien n'être laissé
ex tanta urbe,	d'une si grande ville,
et hoc	et que cette *resolution*
sedet animo,	soit assise (invariable) dans *ton* esprit,
juvatque	et qu'il *te* soit agréable
addere teque tuosque	d'ajouter et toi et les tiens
Trojæ perituræ,	à Troie qui-va-périr,
janua patet isti leto.	une porte est-ouverte pour cette mort.
Jamque Pyrrhus aderit	Et bientôt Pyrrhus sera-ici
de sanguine	*revenant* du sang (de répandre le sang)
multo	abondant (versé à flots)
Priami,	de Priam,
qui obtruncat natum	*Pyrrhus* qui égorge le fils
ante ora patris,	devant le visage du père,
patrem ad aras.	le père au pied des autels.
Erat hoc,	Était-*ce* cela (pour cela),
alma parens,	ô *ma* bienfaisante mère,
quod me eripis	que tu *me* retires
per tela, per ignes,	à travers les traits, à travers les feux
ut cernam hostem	pour que je voie l'ennemi
in mediis penetralibus,	au milieu de *nos* appartements-secrets
utque Ascanium,	et pour que *je voie* Ascagne,
meumque patrem,	et mon père,
juxtaque Creusam,	et à côté *d'eux* Créuse,
mactatos	massacrés
in sanguine	dans le sang
alterum alterius ?	l'un de l'autre ?
Arma, viri,	*Mes* armes, guerriers,
ferte arma :	apportez-*moi mes* armes :
ultima lux vocat victos.	le dernier jour appelle les vaincus.

Reddite me Danais; sinite instaurata revisam
Prælia. Nunquam omnes hodie moriemur inulti. »   670
    Hinc ferro accingor rursus, clypeoque sinistram
Insertabam aptans, meque extra tecta ferebam.
Ecce autem complexa pedes in limine conjux
Hærebat, parvumque patri tendebat Iulum :
« Si periturus abis, et nos rape in omnia tecum ,   675
Sin aliquam expertus sumtis spem ponis in armis,
Hanc primum tutare domum. Cui parvus Iulus,
Cui pater, et conjux quondam tua dicta relinquor? »
    Talia vociferans, gemitu tectum omne replebat:
Quum subitum dictuque oritur mirabile monstrum.   680
Namque, manus inter mœstorumque ora parentum,
Ecce levis summo de vertice visus Iuli
Fundere lumen apex, tactuque innoxia molles
Lambere flamma comas [1], et circum tempora pasci.

aux Grecs; ouvrez-moi de nouveau le champ du combat : du moins
nous ne mourrons pas tous aujourd'hui sans vengeance! »

A ces mots je saisis mon glaive, j'attache à mon bras mon bou
clier et je m'élance hors du palais; mais voilà que Créuse, tremblante, éperdue, m'arrête sur le seuil, embrasse mes genoux et me
présentant le jeune Iüle : « Si tu cours à la mort, me dit-elle, entraîne-nous sur tes pas à tous les dangers ; ou si ta valeur fonde
encore quelque espoir sur ton épée, défends d'abord cet asile qui
nous rassemble, et où tu laisses un enfant, un père, et moi que tu
nommais jadis ton épouse. »

Ainsi Créuse exhalait ses plaintes et remplissait le palais de ses
gémissements, quand tout à coup s'offre à nos yeux un prodige
inouï. Tandis que, livrés à la douleur, nous tenions dans nos bras
Iüle baigné de nos larmes, voilà que soudain une aigrette de feu
brille au-dessus de sa tête, effleure sans l'offenser sa molle chevelure.

Reddite me Danais ;
sinite revisam
prælia instaurata.
Nunquam moriemur omnes
hodie
inulti. »
   Hinc
accingor rursus ferro,
insertabamque sinistram
clypeo
aptans,
meque ferebam extra tecta.
Ecce autem in limine
complexa pedes
conjux hærebat,
tendebatque patri
parvum Iulum :
« Si abis periturus,
et rape nos tecum
in omnia;
sin ponis aliquam spem
in armis sumtis,
-expertus,
tutare primum
hanc domum.
Cui
parvus Iulus,
cui pater,
et relinquor
quondam
dicta tua conjux? »
   Vociferans talia,
replebat gemitu
omne tectum
quum oritur
monstrum subitum
mirabileque dictu.
Namque inter manus
oraque
parentum mœstorum
ecce levis apex
visus fundere lumen
de summo vertice Iuli,
innoxiaque tactu
flamma lambere
comas molles,
et pasci

Rendez-moi aux Grecs :
permettez que je revoie
des combats renouvelés.
Nous ne mourrons pas tous
aujourd'hui
sans-vengeance. »
   De là (ensuite)
je me ceins de nouveau du fer,
et j'introduisais *ma main* gauche
dans *mon* bouclier
en *l'*ajustant,
et je me portais hors de *ma* demeure.
Mais voilà que sur le seuil
embrassant *mes* pieds
mon épouse s'attachait *à moi*,
et tendait à *son* père
le petit Iüle :
« Si tu t'en vas devant-périr,
entraîne-nous aussi avec toi
dans tous *les périls;*
mais si tu places quelque espérance
dans *tes* armes prises,
ayant éprouvé *ce qu'elles peuvent,*
défends d'abord
cette maison-ci.
A qui (sous quelle protection)
le petit Iüle,
à qui *ton* père *est-il laissé,*
et *à qui* suis-je laissée
moi autrefois
appelée ton épouse? »
   Disant-à-voix-haute de telles *paroles,*
elle remplissait de *ses* gémissements
toute la maison :
lorsque s'élève (paraît)
un prodige soudain
et étonnant à être dit.
Car entre les mains
et les visages
de *ses* parents affligés,
voilà qu'une légère aigrette
parut répandre de la lumière
du haut de la tête d'Iüle,
et innocente au toucher
la flamme *parut* lécher (caresser)
ses cheveux souples,
et se nourrir (devenir plus fort)

Nos pavidi trepidare metu, crinemque flagrantem   685
Excutere, et sanctos restinguere fontibus ignes.
At pater Anchises oculos ad sidera lætus
Extulit, et cœlo palmas cum voce tetendit :
« Jupiter omnipotens, precibus si flecteris ullis,
Adspice nos, hoc tantum; et, si pietate meremur,   690
Da deinde auxilium, pater, atque hæc omina firma. »
    Vix ea fatus erat senior, subitoque fragore
Intonuit lævum, et de cœlo lapsa per umbras
Stella facem ducens multa cum luce cucurrit.
Illam, summa super labentem culmina tecti,   695
Cernimus Idæa claram se condere silva,
Signantemque vias ; tum longo limite sulcus
Dat lucem, et late circum loca sulfure fumant.
Hic vero victus genitor se tollit ad auras,
Affaturque deos, et sanctum sidus adorat :   700
« Jam jam nulla mora est : sequor, et, qua ducitis. adsum.
Di patrii, servate domum, servate nepotem !
Vestrum hoc augurium, vestroque in numine Troja est.

et se joue autour de ses tempes. Nous, saisi d'effro:, secouant ses
cheveux embrasés. nous nous efforçons d'éteindre dans l'onde la
flamme mystérieuse. Mais Anchise lève, plein de joie, ses yeux et
ses mains vers le ciel et s'écrie : « Tout-puissant Jupiter, si les
prières des mortels peuvent te fléchir, daigne seulement jeter sur
nous un regard favorable ; et si nous le méritons par notre piété,
accorde-nous ton secours et confirme ces heureux présages ! »

A peine a-t-il parlé, qu'un soudain éclat de tonnerre se fait entendre à gauche, et qu'une étoile, glissant du ciel au milieu des
ténèbres, traverse les airs avec une longue traînée de lumière. Nous
la vîmes raser en courant le faîte du palais, et, nous montrant la
route, aller se perdre, toujours brillante, dans les forêts de l'Ida.
Un sillon de flamme se prolongeait sur son passage, et les lieux
d'alentour fumaient au loin d'une vapeur de soufre. Vaincu par ce
prodige, mon père alors se lève ; il invoque les dieux, il adore
l'étoile sacrée : « Allons, dit-il, plus de retard. Me voilà résolu à
vous suivre partout où vous me conduirez. Dieux de mes pères, protégez ma famille ! protégez mon petit-fils ! Ces présages viennent de
vous, et les restes de Troie sont maintenant sous votre sainte

circum tempora.	autour de *ses* tempes.
Nos pavidi	Nous épouvantés *nous commençons*
trepidare metu,	à nous empressser par crainte,
excutereque	et à secouer
crinem flagrantem,	*sa* chevelure embrasée,
et restinguere fontibus	et à éteindre avec de l'eau
ignes sacros.	les feux sacrés.
At pater Anchises lætus	Mais *mon* père Anchise joyeux
extulit oculos ad sidera,	éleva les yeux vers les astres,
et tetendit palmas cœlo	et tendit *ses* mains au ciel
cum voce :	avec *sa* voix (en disant) :
« Jupiter omnipotens,	« Jupiter tout-puissant,
si flecteris ullis precibus,	si tu es fléchi par quelques prières,
adspice nos, hoc tantum ;	regarde-nous, ceci seulement ;
et, si meremur pietate,	et, si nous *le* méritons par *notre* piété,
da deinde auxilium, pater,	donne-*nous* ensuite du secours, ô père,
atque firma hæc omina. »	et confirme ces présages. »
Vix senior fatus erat ea,	A peine le vieillard avait dit ces *mots*,
fragoreque subito	et avec un fracas soudain
intonuit lævum,	il tonna à-gauche,
et lapsa de cœlo per umbras	et glissant du ciel à travers les ombres
stella cucurrit	une étoile courut *dans les airs*
ducens facem	conduisant *après elle* un flambeau
cum multa luce.	avec beaucoup de lumière (une queue lumi-
Cernimus illam,	Nous voyons elle, [neuse].
labentem	glissant
super culmina summa	au-dessus des faîtes les plus élevés
tecti,	de *notre* demeure,
se condere claram	se cacher brillante
silva Idæa,	dans la forêt-de-l'Ida,
signantemque vias ;	et marquant les routes ;
tum longo limite	puis dans *sa* longue trace
sulcus dat lucem,	un sillon donne de la lumière,
et late circum	et au loin tout-autour
loca fumant sulfure	les lieux fument de soufre.
Hic vero genitor victus	Mais alors *mon* père vaincu
se tollit ad auras,	se lève vers les airs,
affaturque deos,	et parle aux dieux,
et adorat sidus sanctum :	et adore l'astre saint :
« Jam jam est nulla mora;	« Dès à présent il n'y a aucun retard ;
sequor, et adsum	je *vous* suis, et je suis-présent
qua ducitis.	par où vous *me* conduisez.
Di patrii, servate domum,	Dieux paternels, conservez *ma* maison,
servate nepotem !	conservez *mon* petit-fils !
Hoc augurium vestrum,	Cet augure *est* vôtre (vient de vous),
Trojaque	et Troie
est in vestro numine.	est sous votre protection-divine.

Cedo equidem, nec, nate, tibi comes ire recuso. »

　Dixerat ille; et jam per mœnia clarior ignis　　　　　705
Auditur, propiusque æstus incendia volvunt.

« Ergo age, care pater, cervici imponere nostræ;
Ipse subibo humeris, nec me labor iste gravabit.

Quo res cumque cadent, unum et commune periclum,
Una salus ambobus erit. Mihi parvus Iulus　　　　　710
Sit comes, et longe servet vestigia conjux.

Vos, famuli, quæ dicam, animis advertite vestris.

Est urbe egressis tumulus, templumque vetustum
Desertæ Cereris, juxtaque antiqua cupressus,

Religione patrum multos servata per annos:　　　　　715
Hanc ex diverso sedem veniemus in unam.

Tu, genitor, cape sacra manu patriosque penates.

Me, bello e tanto digressum et cæde recenti,
Attrectare nefas, donec me flumine vivo
Abluero. »　　　　　　　　　　　　　　　　　720

　Hæc fatus, latos humeros subjectaque colla

tutelle. Je cède, ô mon fils; je ne refuse plus de suivre tes pas. »

　Il dit, et déjà plus distinct le bruit des flammes se rapproche; les
tourbillons de l'incendie roulent plus près de nous. « Eh bien! dis-je
à mon père, placez-vous sur les épaules d'un fils: je vous porterai,
et ce fardeau me sera léger. Quoi qu'il arrive, nous courrons les
mêmes dangers, ou nous nous sauverons ensemble. Que le jeune
Iüle marche à mes côtés, et que Créuse suive de plus loin nos pas.
Vous, mes fidèles serviteurs, retenez bien ce que je vais dire. Au
sortir de la ville est une colline où s'élève un vieux temple de Cérès,
maintenant abandonné, et tout auprès un antique cyprès dont la
piété de nos pères a conservé la vieillesse vénérable. C'est là que, par
des routes différentes, nous viendrons tous nous réunir. Et vous, ô
mon père, portez dans vos mains les objets sacrés et les images de
nos dieux: moi, qui sors d'un combat sanglant et qui suis encore
tout fumant de carnage, je ne puis y toucher sans crime, avant de
m'être purifié aux sources d'une eau vive. »

　Ayant ainsi parlé, j'étends mes vêtements sur mes épaules, sur

Cedo equidem,
nec recuso, nate,
ire comes tibi. »
  Ille dixerat ;
et jam ignis clarior
auditur per mœnia,
incendiaque
volvunt æstus propius.
« Ergo age, care pater,
 mponere nostræ cervici :
ipse subibo
numeris,
nec iste labor
gravabit me.
Quocumque res
cadent,
unum
et commune periclum,
una salus erit ambobus.
Parvus Iulus sit comes
et conjux   [mihi,
servet vestigia longe.
Vos, famuli,
advertite vestris animis
quæ dicam.
Egressis urbe
est tumulus
vetustumque templum
Cereris desertæ,   [sus,
juxtaque antiqua cupres-
servata per multos annos
religione patrum :
ex diverso veniemus
in hanc unam sedem.
Tu, genitor,
cape manu sacra,
penatesque patrios.
Nefas
me, digressum e tanto bello
et cæde recenti,
attrectare,
donec me abluero
flumine vivo. »
  Fatus hæc,
insternor super
latos humeros
collaque subjecta

Je cède donc,
et je ne refuse pas, ô mon fils,
d'aller compagnon à toi (de te suivre).
  Il avait dit ;
et déjà le feu plus clair (plus distinct)
est entendu parmi les murs (dans la ville),
et les incendies
roulent *leurs* tourbillons plus près *de nous*,
« Eh bien va, *mon* cher père,
place-*toi*-sur notre cou :
moi-même je me mettrai-sous *toi*
avec *mes* épaules,
et cette peine (ce fardeau)
ne surchargera pas moi.
En quelque lieu que *nos* affaires
tomberont (quelle que soit notre fortune),
un seul
et un commun danger,
un seul salut sera pour tous les deux.
Que le petit Iüle soit compagnon à moi,
et que *mon* épouse
garde (suive) *nos* traces de loin.
Vous, serviteurs,
soyez-attentifs de vos esprits
à ce que je vais *vous* dire.
A ceux qui sont sortis de la ville
est (se présente) un tertre
et un vieux temple
de Cérès abandonnée,
et auprès un antique cyprès
conservé pendant de nombreuses années
par la religion de *nos* pères :
de divers *côtés* nous viendrons
à cette seule place.
Toi, *mon* père,
prends dans *ta* main les *objets* sacrés,
et les pénates de-la-patrie.
Il serait impie
moi, qui sors d'une si grande guerre
et d'un carnage récent,
les toucher,
jusqu'à ce que je me sois lavé
à une source vive. »
  Ayant dit ces *mots*,
je me couvre par-dessus
sur *mes* larges épaules
et sur mon cou placé-sous *Anchise*

Veste super fulvique insternor pelle leonis,
Succedoque oneri. Dextræ se parvus Iulus
Implicuit, sequiturque patrem non passibus æquis;
Pone subit conjux. Ferimur per opaca locorum.   725
Et me, quem dudum non ulla injecta movebant
Tela, neque adverso glomerati ex agmine Graii,
Nunc omnes terrent auræ : sonus excitat omnis
Suspensum, et pariter comitique onerique timentem.
Jamque propinquabam portis, omnemque videbar   730
Evasisse viam, subito quum creber ad aures
Visus adesse pedum sonitus, genitorque per umbram
Prospiciens : « Nate, exclamat, fuge, nate; propinquant :
Ardentes clypeos atque æra micantia cerno. »
Hic mihi nescio quod trepido male numen amicum   735
Confusam eripuit mentem. Namque, avia cursu
Dum sequor, et nota excedo regione viarum,
Heu! misero conjux fatone erepta Creusa
Substitit, erravitne via, seu lassa resedit,

mon cou, et jette par dessus une peau de lion, puis je me courbe et
je reçois mon précieux fardeau. Le jeune Iüle se suspend à ma main
et hâte ses pas pour suivre les miens. Créuse marche derrière nous.
Nous avançons par les chemins les plus sombres ; et moi qui tout à
l'heure voyais sans effroi les traits pleuvoir sur ma tête et les bataillons grecs s'élancer contre moi, maintenant je tremble au
moindre bruit, un souffle m'épouvante ; je respire à peine, double-
ment alarmé et pour celui que je porte, et pour celui qui me suit.
     Déjà je touchais aux portes, et je me croyais affranchi de tous les
dangers, quand tout à coup mes oreilles sont frappées d'un bruit
confus de pas rapides. Mon père regarde dans l'ombre et me crie :
« Fuis, mon fils, fuis ; ils approchent : je vois reluire les boucliers,
je vois briller les dards. » En ce moment je ne sais quelle divinité
ennemie confondit mes pensées et troubla ma raison; mais tandis
que précipitant mes pas je m'écarte des chemins tracés et cache
ma fuite dans les sentiers inconnus, hélas ! Créuse, mon épouse....
est-ce un destin funeste qui me la ravit? s'arrêta-t-elle égarée en

veste	d'un vêtement
pelleque leonis fulvi,	et de la peau d'un lion fauve,
succedoque oneri.	et je me mets-sous *mon* fardeau,
Parvus Iulus	Le petit Iüle
se implicuit dextræ,	s'est enlacé à *ma main* droite,
sequiturque patrem	et il suit *son* père
non passibus æquis ;	non à pas égaux ;
conjux subit pone.	*mon* épouse vient-ensuite par derrière.
Ferimur	Nous nous portons (nous marchons)
per opaca locorum.	à travers les *points* obscurs des lieux.
Et me, quem dudum	Et moi, que naguère
non movebant ulla tela	n'émouvaient aucuns traits
injecta,	lancés-contre *moi,*
neque Graii glomerati	ni les Grecs attroupés
ex agmine adverso,	d'un bataillon opposé,
nunc omnes auræ terrent ;	maintenant tous les souffles *m'*effraient,
omnis sonus	tout bruit
excitat suspensum,	excite (inquiète) *moi* en-suspens.
et timentem pariter	et craignant également
comitique	et pour *mon* compagnon
onerique.	et pour *mon* fardeau
Jamque	Et déjà
propinquabam portis,	j'approchais des portes,
videbarque	et je paraissais [dangers),
evasisse omnem viam,	avoir échappé à toute la route (à tous les
quum subito	lorsque tout à coup
sonitus creber pedum	un son fréquent de pieds
visus adesse ad aures,	parut arriver à *mes* oreilles,
genitorque	et *mon* père
prospiciens per umbram :	regardant-au-loin à travers l'ombre :
« Nate, exclamat,	« *Mon* fils, s'écrie-t-il,
fuge, nate ; propinquant :	fuis, *mon* fils ; ils approchent :
cerno clypeos ardentes	je vois *leurs* boucliers ardents (brillants)
atque æra micantia. »	et l'airain étincelant *de leurs armes.* »
Hic	Là (alors)
nescio quod numen	je ne sais quelle divinité
male amicum	mal amie (ennemie)
eripuit mihi trepido	ravit à moi tremblant
mentem confusam.	*mon* esprit troublé.
Namque, dum cursu	Car, tandis qu'à la course
sequor avia,	je suis des *lieux* sans-chemin,
et excedo	et que je sors
regione nota viarum,	de la direction connue des routes,
heu ! conjux Creusa	hélas ! *mon* épouse Créuse
erepta misero	ravie à *moi* malheureux
substititne fato,	s'est-elle arrêtée par le destin,
erravitne via,	ou a-t-elle erré-hors de la route,

Incertum; nec post oculis est reddita nostris.   740
Nec prius amissam respexi, animumve reflexi
Quam tumulum antiquæ Cereris sedemque sacratam
Venimus : hic demum collectis omnibus una
Defuit, et comites natumque virumque fefellit.
Quem non incusavi amens hominumque deorumque?   745
Aut quid in eversa vidi crudelius urbe?
Ascanium, Anchisenque patrem, Teucrosque penates
Commendo sociis, et curva valle recondo;
Ipse urbem repeto, et cingor fulgentibus armis.
Stat casus renovare omnes, omnemque reverti   750
Per Trojam, et rursus caput objectare periclis.
   Principio muros obscuraque limina portæ,
Qua gressum extuleram, repeto, et vestigia retro
Observata sequor per noctem, et lumine lustro.
Horror ubique animos, simul ipsa silentia terrent.   755
Inde domum, si forte pedem, si forte tulisset,

---

chemin et succombant à la fatigue? Je l'ignore; mais depuis, mes yeux ne l'ont plus revue. Je ne repris mes sens, je ne m'aperçus de sa perte que quand nous fûmes parvenus sur la hauteur, à la demeure sacrée de l'antique Cérès. Là, quand nous fûmes tous rassemblés, elle seule ne se trouva point et manqua aux vœux d'un fils, d'un époux et de leurs compagnons. Dans le désespoir qui me transportait, qui des dieux ou des hommes n'accusai-je point de mon malheur? Troie en cendres ne m'offrait rien de plus cruel. Je recommande à nos amis Ascagne, et mon père et les dieux de ma patrie; je les cache dans le creux d'un vallon, puis, revêtu de mes armes étincelantes, je reprends le chemin de la ville, résolu de braver tous les hasards, de parcourir encore Troie entière et de présenter ma tête à tous les périls.

   D'abord je regagne les murs et le seuil obscur par où j'étais sorti, et, suivant dans l'ombre les traces de mes pas, j'interroge d'un regard inquiet les lieux d'alentour: partout l'horreur de la nuit et du silence même m'épouvante. Peut-être, me disais-je, est-elle

seu resedit lassa,
incertum ;
nec reddita est post
nostris oculis.
Nec respexi
amissam,
reflexive animum
prius quam venimus
tumulum
sedemque sacratam
antiquæ Cereris :
hic demum
omnibus collectis
defuit una,
et fefellit comites,
natumque, virumque.
Quem hominumque
deorumque
non incusavi amens ?
aut quid vidi crudelius
in urbe eversa ?
Commendo sociis
Ascanium,
Anchisenque patrem,
penatesque Teucros,
et recondo valle curva ;
ipse repeto urbem,
et cingor
armis fulgentibus.
Stat
renovare omnes casus,
revertique
per Trojam omnem,
et objectare rursus caput
periclis.
    Principio repeto muros
liminaque obscura portæ,
qua extuleram gressum ;
et per noctem
sequor retro
vestigia observata,
et lustro lumine.
Ubique horror,
simul silentia ipsa
terrent animos.
Inde me refero domum,
si forte,

ou soit qu'elle se soit assise fatiguée,
le fait est incertain ;
et elle ne fut pas rendue ensuite
à nos yeux.
Et je ne tournai-pas-la-tête-pour voir
elle perdue,
ou (ni) je ne repliai *mon* esprit *vers elle*
avant que nous fussions arrivés
au tertre
et à la demeure sacrée
de l'antique Cérès :
là (alors) seulement-enfin
tous ayant été rassemblés
elle manqua seule,
et trompa *l'attente de ses* compagnons,
et *de son* fils, et *de son* époux.
Lequel et des hommes
et des dieux
n'accusai-je pas hors-de-moi ?
ou que vis-je de plus cruel
dans la ville renversée ?
Je confie à *mes* compagnons
Ascagne,
et Anchise *mon* père,
et les pénates troyens,
et je *les* cache dans une vallée creuse·
moi-même je regagne la ville,
et je me ceins
de *mes* armes éclatantes.
Il se tient (il est arrêté dans mon esprit)
de renouveler tous *mes* hasards,
et de retourner
à travers Troie tout-entière,
et d'exposer de nouveau *ma* tête
aux dangers.
    D'abord je regagne les murs
et le seuil obscur de la porte,
par où j'avais porté-au-dehors *mon* pas ;
et à travers la nuit
je suis en arrière (en retournant)
mes traces remarquées,
et je *les* parcours de l'œil.
Partout l'horreur,
et en même temps le silence même
effraient *mes* esprits.
De là je me reporte à la maison,
pour voir si par hasard,

Me refero. Irruerant Danai, et tectum omne tenebant.
Ilicet ignis edax summa ad fastigia vento
Volvitur; exsuperant flammæ; furit æstus ad auras.
Procedo, et Priami sedes arcemque reviso.   760
Et jam porticibus vacuis, Junonis asylo,
Custodes lecti Phœnix et dirus Ulysses
Prædam asservabant. Huc undique Troia gaza
Incensis erepta adytis, mensæque deorum,
Crateresque auro solidi, captivaque vestis   765
Congeritur. Pueri et pavidæ longo ordine matres
Stant circum.
Ausus quin etiam voces jactare per umbram,
Implevi clamore vias, mœstusque Creusam
Nequidquam ingeminans, iterumque iterumque vocavi.   770
    Quærenti et tectis urbis sine fine furenti
Infelix simulacrum atque ipsius umbra Creusæ
Visa mihi ante oculos, et nota major imago.
Obstupui, steteruntque comæ, et vox faucibus hæsit.
Tum sic affari, et curas his demere dictis :   775

retournée au palais. Je m'y rends. Les Grecs s'en étaient rendus
maîtres et l'occupaient tout entier. Déjà le feu embrase l'édifice;
les flammes le surmontent, s'y tordent sous un vent furieux, et
s'élançant du faîte, s'élèvent en rugissant dans les airs. J'avance,
je revois le palais de Priam et la citadelle. Là. sous les portiques
déserts du temple de Junon, Phénix et l'exécrable Ulysse veillaient
auprès du butin confié à leur garde; là sont entassés les trésors
de Troie ravis à nos temples brûlants, et les tables des dieux, et
les coupes d'or massif, et les vêtements des vaincus; là enfin, se
tenaient debout, rangés en longue file, les enfants et les mères
tremblantes. J'ose même élever ma voix au milieu des ténèbres;
je remplis les rues de mes tristes clameurs; et dans ma douleur,
appelant, hélas en vain, Créuse absente, je répète et répète cent
fois son nom.
    Tandis que je la cherche et que j'erre comme un insensé à tra-
vers la ville, l'ombre de Créuse elle-même, image fidèle mais
agrandie de mon épouse, se présente à ma vue. Saisi d'effroi, je
demeure immobile, mes cheveux se dressent sur ma tête, ma voix
expire sur mes lèvres. L'ombre alors m'adressant la parole, calme

si forte tulisset pedem.	si par hasard elle y avait porté le pied,
Danai irruerant,	Les Grecs s'y étaient précipités,
et tenebant omne tectum.	et tenaient (occupaient) tout l'édifice.
Ilicet ignis edax	Aussitôt le feu dévorant
volvitur vento	est porté-en-tourbillons par le vent
ad fastigia summa ;	jusqu'aux faîtes les plus élevés ;
flammæ exsuperant,	les flammes dépassent *le toit*,
æstus furit	*leur* bouillonnement s'élève-avec-fureur
ad auras.	vers les airs.
Procedo, et reviso	J'avance, et je retourne-voir
sedes Priami arcemque.	la demeure de Priam et la citadelle.
Et jam porticibus vacuis,	Et déjà dans les portiques vides,
asylo Junonis,	asile (temple) de Junon,
Phœnix et dirus Ulysses	Phénix et le cruel Ulysse
lecti custodes	choisis pour gardiens
asservabant prædam.	veillaient-sur le butin.
Huc congeritur undique	Là est apporté de toute part
gaza Troia,	le trésor (les trésors) de Troie,
erepta adytis incensis,	ravi aux sanctuaires incendiés,
mensæque deorum,	et les tables des dieux,
crateresque solidi auro,	et les coupes massives d'or,
vestisque captiva.	et les vêtements pris.
Pueri et matres pavidæ	Des enfants et des mères craintives
stant circum	se tiennent-debout autour
longo ordine.	en une longue file.
Quin etiam ausus	Bien plus ayant osé
jactare voces per umbram,	pousser des cris à travers l'ombre,
implevi vias clamore,	je remplis les rues de *mes* clameurs,
mœstusque	et triste
ingeminans nequidquam	redoublant (répétant) en vain
Creusam,	*le nom de* Créuse,
vocavi	je l'appelai [fois)
iterumque iterumque.	et de nouveau et de nouveau (plusieurs
Simulacrum infelix	Le fantôme infortuné
atque umbra Creusæ ipsius,	et l'ombre de Créuse elle-même,
et imago major	et une image *d'elle* plus grande
nota.	que *celle de moi* connue,
visa ante oculos	parut devant les yeux
mihi quærenti	à moi cherchant
et furenti	et me-livrant-à-mes-transports
sine fine	sans fin
tectis urbis.	dans les maisons de la ville.
Obstupui,	Je fus frappé-de-stupeur,
comæque steterunt,	et *mes* cheveux se dressèrent,
et vox hæsit faucibus.	et *ma* voix resta-attachée à *mon* gosier.
Tum affari sic,	Alors *elle se prit à me* parler ainsi,
et demere curas his dictis :	et à m'ôter *mes* soucis par ces paroles :

« Quid tantum insano juvat indulgere dolori,
O dulcis conjux? Non hæc sine numine divum
Eveniunt; nec te hinc comitem asportare Creusam
Fas aut ille sinit superi regnator Olympi.
Longa tibi exilia, et vastum maris æquor arandum,   780
Et terram Hesperiam venies, ubi Lydius, arva
Inter opima virum, leni fluit agmine Thybris[1],
Illic res lætæ, regnumque, et regia conjux
Parta tibi. Lacrymas dilectæ pelle Creusæ :
Non ego Myrmidonum sedes Dolopumve superbas   735
Adspiciam, aut Graiis servitum matribus ibo,
Dardanis, et divæ Veneris nurus :
Sed me magna deum genitrix his detinet oris.
Jamque vale, et nati serva communis amorem. »
     Hæc ubi dicta dedit, lacrymantem et multa volentem   790
Dicere deseruit, tenuesque recessit in auras.
Ter conatus ibi collo dare brachia circum ;
Ter frustra comprensa manus effugit imago,
Par levibus ventis, volucrique simillima somno[2].

par ces mots mes inquiétudes : « Pourquoi, cher époux, t'abandonner à cette douleur insensée ? L'événement qui nous sépare
n'arrive point sans l'ordre des dieux. Il ne t'est pas donné d'emme-
ner Créuse avec toi : ainsi le veut le dieu qui règne dans l'Olympe.
Tu subiras un long exil; il te faudra longtemps errer sur la vaste
étendue des mers. Tu arriveras enfin dans l'Hespérie, dans ces fertiles campagnes que le Tibre arrose de ses tranquilles eaux. Là,
des jours heureux, un trône, une royale épouse seront ton partage.
Cesse de pleurer sur ta chère Créuse. Je ne verrai point les demeures
superbes des Myrmidons ou des Dolopes; je n'irai point, captive,
servir les femmes grecques, moi, fille de Dardanus, moi, l'épouse
du fils de Vénus. L'auguste mère des dieux me retient sur ces
bords. Adieu; chéris toujours le doux gage de notre hymen. »
     Elle dit, et moi, les yeux noyés de larmes, j'allais répondre,
quand soudain elle me quitte et disparaît dans le vague des airs.
Trois fois je veux la serrer dans mes bras; trois fois l'ombre échappe
à mes embrassements, telle que les vents légers ou que le songe

« Quid juvat tantum indulgere dolori insano, o dulcis conjux? hæc non eveniunt sine numine divum. Nec fas, aut ille regnator Olympi superi sinit te asportare hinc Creusam comitem. Longa exilia tibi, et vastum æquor maris arandum; et venies terram Hesperiam, ubi, inter arva opima virum, Thybris Lydius fluit agmine leni. Illic res lætæ, regnumque, et regia conjux parta tibi Pelle lacrymas Creusæ dilectæ. Non ego adspiciam sedes superbas Myrmidonum Dolopumve, aut ibo servitum matribus Graiis, Dardanis, et nurus divæ Veneris. Sed magna genitrix deum detinet me his oris. Jamque vale, et serva amorem nati communis. »

Ubi dedit hæc dicta, deseruit lacrymantem et volentem dicere multa, recessitque in auras tenues. Ter conatus ibi dare brachia circum collo; ter comprensa frustra imago effugit manus, par ventis levibus, simillimaque somno volucri.

« Pourquoi te plaît-il tant de te livrer à une douleur insensée, ô mon cher époux ? ces événements n'arrivent pas sans la volonté des dieux Ni le destin, ou (ni) ce roi de l'Olympe d'en-haut ne permet toi emporter d'ici Créuse pour compagne. Un long exil est réservé à toi, et une vaste étendue de mer est à-sillonner par toi; et tu arriveras dans la terre de-l'Hespérie, où, à travers les champs fertiles des hommes, le Tibre Lydien coule d'un cours tranquille. Là des affaires riantes, et un royaume, et une royale épouse est acquise à toi. Chasse (essuie) les larmes que tu verses à cause de ta Créuse chérie. Je ne verrai pas les demeures superbes des Myrmidons ou des Dolopes, ou (et) je n'irai pas servir les mères (femmes) grecques, moi fille-de-Dardanus, et bru de la déesse Vénus: Mais la grande (l'auguste) mère des dieux retient moi sur ces bords. Et déjà adieu, et conserve ton amour de (pour) notre fils commun. »

Dès qu'elle eut donné (prononcé) ces paroles, elle me quitta moi qui pleurais et qui voulais dire beaucoup de paroles, et elle se retira dans les airs subtils. Trois fois j'essayai là (alors) de donner (mettre) mes bras autour a son trois fois saisie en vain [cou, l'image échappa à mes mains, pareille aux vents légers, et très-semblable à un songe ailé.

Sic demum socios, consumta nocte, reviso.　　　　　795

　　Atque hic ingentem comitum affluxisse novorum
Invenio admirans numerum, matresque, virosque,
Collectam exsilio pubem [1], miserabile vulgus.
Undique convenere, animis opibusque parati,
In quascumque velim pelago deducere terras.　　　　800
Jamque jugis summæ surgebat Lucifer Idæ[2],
Ducebatque diem, Danaique obsessa tenebant
Limina portarum, nec spes opis ulla dabatur.
Cessi, et sublato montem genitore petivi.

qui s'envole. La nuit s'était écoulée : j'allai rejoindre mes compagnons.

　　Je vois avec surprise que leur nombre s'est accru d'une foule immense, hommes, femmes, enfants, déplorables restes d'Ilion réunis pour l'exil, peuple bien digne de pitié. Ils étaient accourus de toutes parts, avec les débris de leur fortune, et résolus à me suivre sur les mers en quelque lieu qu'il me plût de les conduire. Déjà l'étoile du matin se montrait au plus haut sommet de l'Ida et ramenait le jour. Les Grecs étaient maîtres des portes de la ville : il n'y avait plus de secours à espérer pour la patrie. Je me retirai donc, et enlevant mon père, je gagnai le sommet des montagnes.

Demum , nocte	Enfin, la nuit
consumta sic ,	ayant été consumée ainsi,
reviso socios.	je retourne voir *mes* compagnons.
Atque hic	Et là (alors)
invenio admirans	je trouve m'*en* étonnant (avec surprise)
ingentem numerum	un grand nombre
comitum novorum	de compagnons nouveaux
affluxisse,	avoir afflué (être venus en foule),
matresque, virosque,	et des mères, et des guerriers,
pubem collectam exilio,	peuple réuni pour l'exil,
vulgus miserabile.	multitude digne-de-compassion.
Convenere undique,	Ils sont venus de tous côtés,
parati animis opibusque,	préparés de cœurs et de ressources,
in quascumque terras	dans quelques terres
velim deducere pelago.	que je veuille *les* conduire par mer.
Jamque Lucifer	Et déjà *l'étoile* qui-apporte-la-lumière
surgebat	se levait
jugis Idæ summæ,	sur les sommets de l'Ida le plus haut,
ducebatque diem,	et amenait le jour,
Danaique tenebant obsessa	et les Grecs tenaient assiégés
limina portarum,	les seuils des portes,
nec ulla spes opis	et aucun espoir de secours
dabatur :	ne *nous* était donné :
cessi,	je me retirai,
et genitore sublato,	et *mon* père étant soulevé sur *mes épaules,*
petivi montem.	je gagnai la montagne.

NOTES.

Page 2 : 1. *Intentι ora tenebant.* Le mot *intenti*, qui devrait se rapporter à *ora*, s'accorde cependant avec *omnes.* Cet hypallage, qui consiste à donner à un nom l'adjectif qui régulièrement devrait appartenir à un autre nom, est d'un usage fréquent en poésie, surtout dans Virgile. On aurait dit en prose : *Tenebant ora intenta in Æneam.*

— 2. *Myrmidonum, Dolopumve....* Les *Myrmidons* étaient un peuple de Thessalie, aux environs de la Phthiotíde, dont la capitale, Phthia, était la patrie d'Achille. Les *Myrmidons* suivirent ce héros au siége de Troie. Les *Dolopes* étaient aussi un peuple de Thessalie, sur les confins de l'Étolie et de l'Épire. L'Achéloüs traversait la *Dolopie* avant d'entrer dans l'Acarnanie. Les *Dolopes* vinrent au siége de Troie, sous la conduite de Phénix, qui avait élevé l'enfance d'Achille.

Page 4 : 1. *Huc delecta virum... includunt.* Il ne semble pas, au premier abord, que le verbe *includere*, enfermer, puisse attirer après lui *huc*, adverbe de lieu qui indique un mouvement. *Huc* est placé à dessein au commencement de la phrase. Les Grecs y font entrer (*huc*) des guerriers choisis, et les enferment.... Le premier verbe, pour n'être pas exprimé, n'en est pas moins dans la pensée de l'auteur, et cette construction n'a rien qui arrête.

— 2. *Est in conspectu Tenedos....* Ténédos, île de la mer Égée, sur la côte de la Troade, environ à six lieues de Troie, et à l'entrée de l'Hellespont. Une ville du même nom en est la capitale : c'est le *Bokhtcha-Adassi* des Turcs.

Page 8 : 1. *Trahebant* ne signifie pas ici *traîner, entraîner*, puisque Sinon s'était présenté de lui-même aux jeunes Troyens : *trahere* veut simplement dire *amener, conduire avec empressement, en toute hâte.* De même, VI, 753 : *Conventus trahit in medios.*

Page 10 : 1. *Fando aliquid. Fando* a dans ce passage, de même que plus haut, au vers 6, un sens passif; il ne s'applique pas à un personnage qui parle, mais qui entend parler. *Si en parlant*, c'est-à-dire *si tandis qu'en vous parlait.*

— 2. *Belidæ.... Palamedis.* Palamède, fils de Nauplius.

de l'île d'Eubée, descendait, ainsi que Didon, de l'ancien Bélus, Palamède était renommé, chez les Grecs, pour la vaste étendue de ses connaissances. On dit qu'il inventa, pendant le siége de Troie, les jeux d'échecs et de dés. On lui attribue aussi l'invention des poids et mesures, et de diverses manœuvres militaires. Il ajouta, suivant Pline, quatre nouvelles lettres à l'alphabet grec.

Page 12 : 1. *Calchante.* Calchas était un célèbre devin qui, dit-on, reçut d'Apollon la science du présent, du passé et de l'avenir. Il était fils de Thestor, et descendant de Mélampe, dans la famille duquel le talent de divination passait pour être héréditaire. C'était particélièrement du chant et du vol des oiseaux qu'il tirait ses présages. Il suivit les Grecs au siége de Troie, et prédit que ce siége durerait dix ans. On ne faisait aucune entreprise considérable sans le consulter, et il concertait souvent avec Agamemnon et Ulysse le sens des oracles. On rapporte qu'il mourut de chagrin pour n'avoir pu interpréter les énigmes de Mopsus, prêtre d'Apollon, à Claros.

Page 18 : 1. *Per superos.* L'adjectif *superi* implique toujours l'idée d'une comparaison. Ici *superi* signifie les dieux d'en haut, les dieux du ciel, par opposition aux dieux d'en bas ou des enfers. Au vers 91, dans la locution : *Superis concessit ab oris*, ce même adjectif signifie terrestre. *Superis ab oris*, des régions terrestres, par opposition aux régions infernales.

Page 22 : 1. *Tritonia* ou *Tritonis*, surnom de Minerve, qui en sortant du cerveau de Jupiter se montra, dit-on, pour la première fois sur les bords du fleuve *Triton*. Ce fleuve sort de la région des Garamantes, en Afrique, traverse un grand lac auquel il donne son nom, *Palus Tritonia*, et se jette dans le golfe de Cabès (Petite-Syrte des anciens.)

Page 24 : 1. *Pelopea ad mœnia.* Ces mots désignent le Péloponèse, et plus particulièrement Argos et Mycènes, qui obéissaient à Agamemnon.

— 2. *Laocoon.* Laocoon, prince de la famille royale de Troie ; fils de Priam et d'Hécube, d'abord prêtre d'Apollon et puis prêtre de Neptune. Le supplice de Laocoon, qui a inspiré à Virgile cet admirable épisode, consacré par le suffrage des siècles, fait également le sujet du plus beau groupe que nous ait légué la statuaire antique. On demande souvent quel est celui des deux chefs-d'œuvre qui a précédé l'autre. Il nous semble que la rare perfection qui éclate dans le groupe en marbre ne permet pas d'assigner à sa

création une autre époque que celle des plus beaux jours de l'art
chez les Grecs, époque qui est antérieure à Virgile de plus de quatre
siècles. Ce groupe existait donc à Rome au temps de Virgile, ou
Virgile l'avait vu à Athènes dans le voyage qu'il fit en Grèce pour
mettre la dernière main à son *Énéide*. Le groupe de Laocoon a été
retrouvé, par Félix de Frédis, dans les fouilles des bains de Titus,
sous le pontificat de Jules II. Ce chef-d'œuvre est attribué, par
quelques-uns, à Phidias, et, par le plus grand nombre, à Agé-
sandre, Apollodore et Athénodore de Rhodes. Voyez, sur le Laocoon, Dupaty, *Lettres sur l'Italie*, Lettre LXXII ; Lessing, le *Laocoon, ou des Limites de la peinture et de la poésie*, et enfin Winckelmann,
Histoire de l'Art chez les anciens.

Page 26 : 1. *Incumbunt pelago*. Nous avons déjà vu le verbe *incumbere*
employé, en parlant des vents, au livre Iᵉʳ, vers 84 : *Incubuere
mari* etc.

— 2. *Agmine certo*. Nous verrons de même, livre V, 221 :
Agmine remorum celeri. Le substantif *agmen* signifie tout mouvement
de marche, et souvent aussi une troupe en marche, une longue file
qui se meut.

Page 28 : 1. *Rotarum lapsus*, pour *rotæ quæ labuntur, quæ volvuntur*.

Page 30 : 1. *Tacitæ per amica silentia lunæ*, doit s'entendre ici de ce
temps qui précède le lever de la lune. Sa clarté aurait trahi les Grecs
dans leur dessein, son absence les favorise. Elle n'était pas levée
quand ils partirent de Ténédos pour opérer leur descente ; elle se
lève quelques heures plus tard quand ils sont maîtres de Troie. Il
n'y a donc aucune contradiction entre ce vers et le vers 251, *Involvens umbra magna*, ni avec les mots *oblati per lunam*, du vers 340.

Page 32 : 1. *Pelidesque Neoptolemus*. Pyrrhus, fils d'Achille et petit-
fils de Pélée, fut amené tout jeune au siége de Troie, après la mort
d'Achille, la ville ne pouvant être prise à moins qu'il n'y eût dans
l'armée un prince de la race d'Eaque. On lui donna, par cette raison, le nom de *Néoptolème* ou *jeune guerrier*.

— 2. *Ægris*. L'adjectif *æger*, qui exprime, soit la maladie phy-
sique, soit la souffrance morale, est aussi quelquefois simplement
un synonyme de *miser*, malheureux. Voyez *Géorgiques*, livre I, 237

Page 34 : 1. *Hei mihi*, exclamation tout à fait grecque : ὶώ μοι.

Page 38 : 1. *Deiphobi*. Déiphobe, un des fils de Priam, épousa
Hélène après la mort de Pâris. Hélène, pour rentrer en grâce auprès de son premier époux, Ménélas, l'introduisit, avec Ulysse, dans

l'appartement de Déiphobe qu'ils massacrèrent après l'avoir horriblement mutilé. Voyez au VI° livre, vers 349 et suivants.

— 2. *Sigea.... freta.* Sigée, promontoire de la Troade, à l'entrée de l'Hellespont, et dans le voisinage de Troie, avec une ville du même nom. Achille y avait son tombeau. Sigée est aujourd'hui le *Cap des Janissaires.*

— 3. On a beaucoup discuté sur le sens de *res summa*. qui a été expliquée quelquefois par *le plus fort du combat, le point principal de la lutte. Res summa* n'est qu'une expression plus élégante pour *res publica*, l'affaire capitale, l'affaire publique. *Quo loco*, dans quel lieu, c'est-à-dire dans quelle situation, en quel état?

Page 46 : 1. M. Quicherat explique ainsi ce vers, où la construction grammaticale n'est pas parfaitement nette : *Quum sis hostis, quis requirat dolus sit an virtus quo utaris?*

Page 54 : 1. *Extrema jam in morte*, hardiesse poétique. On dit bien *in extrema vita*, sur le point de quitter la vie, à l'extrémité, à la fin de la vie ; le poëte remplace *vita* par *morte*, et cette première locution, très-usitée, revenant aussitôt à l'esprit, fait passer sur ce que la seconde pourrait avoir d'étrange.

Page 56 : 1. *Scyria pubes.* L'île de Scyros est une des Cyclades, dans la mer Égée, à l'est de l'Eubée.

Page 68 : 1. *Jamque adeo....* Varius et Tucca, chargés par Virgile de revoir son *Énéide*, à laquelle il n'avait pas eu le temps de mettre la dernière main, retranchèrent, dit-on, les vingt-deux vers qui suivent, parce que ces vers paraissent contredire le récit de Déiphobe à Énée (livre VI, 511), et parce qu'il semble peu digne du héros troyen, du pieux Énée, d'exercer sa vengeance sur une femme sans défense et réfugiée sous la protection de Vesta.

Page 70 : 1. *Sumsisse pœnas merentes*, nouvelle hypallage, pour *sumsisse pœnas a merenti.*

Page 76 : 1. *Ipse manu mortem inveniam.* Faut il sous-entendre *hostili*, avec quelques commentateurs, ou prendre la phrase dans un sens tout à fait général : Je trouverai bien un bras pour me donner la mort?

Page 80 : 1. *Lambere flamma comas.* Virgile a tiré ce prodige de l'histoire romaine. On rapporte qu'une pareille flamme parut sur la tête de Servius Tullius encore au berceau, et que la reine Tanaquil en tira le présage de la grandeur future de cet enfant, né d'une esclave, et qui succéda à Tarquin l'Ancien dont il avait épousé la fille. Au livre VII, 273, Virgile nous montre la princesse Lavinie couronnée, comme ici le jeune Iüle, de cette flamme merveilleuse.

Page 92 : 1. *Lydius.... Thybris.* Le Tibre prend sa source dans l'Étrurie (aujourd'hui la Toscane), et l'épithète de *Lydius* que Virgile donne au Tibre est synonyme d'Étrurien ou Tyrrhénien. Les Lydiens s'étaient emparés de cette contrée sous la conduite de Tyrrhénus.

— 2. *Ter conatus....* Ces trois vers se retrouveront au livre VI, 00-702.

Page 94 : 1. *Pubes* a, chez les poëtes épiques, le même sens que *uventus.* Voyez livre I, note 1 de la page 72.

— 2. *Jamque jugis summæ surgebat Lucifer Idæ.* L'Ida (aujourd'hui Kas-Dagh) est une petite chaîne de montagnes dans l'Asie Mineure, et qui s'étendait depuis le golfe d'Adramytte jusque près de la Propontide. C'était comme un vaste réservoir d'eau d'où sortaient le Scamandre, le Rhésus et le Granique. L'Ida est la plus haute des montagnes qui bordent la côte de l'Hellespont. Les poëtes latins, à l'imitation des Grecs, font lever l'astre du matin sur le mont Ida, et l'astre du soir sur le mont OEta en Thessalie.

www.ingramcontent.com/pod-product-compliance
Lightning Source LLC
Chambersburg PA
CBHW060640100426
42744CB00008B/1697